Vahs · Dunst

Innovations- und Qualitätspotenziale
optimal kombinieren

Dietmar Vahs · Michael Dunst

Innovations- und Qualitätspotenziale optimal kombinieren

Wettbewerbsfähigkeit nachhaltig steigern

HANSER

Die Autoren:
Prof. Dr. Dr. h.c. Dietmar Vahs
Michael Dunst M. Sc.

Bibliografische Information der Deutschen Nationalbibliothek: Die Deutsche Nationalbibliothek verzeichnet diese Publikation in der Deutschen Nationalbibliografie; detaillierte bibliografische Daten sind im Internet über <http://dnb.d-nb.de> abrufbar.

Print-ISBN   978-3-446-46338-7
E-Book-ISBN   978-3-446-46442-1

© 2021 Carl Hanser Verlag GmbH & Co. KG, München
www.hanser-fachbuch.de
Lektorat: Lisa Hoffmann-Bäuml
Herstellung: Carolin Benedix
Satz: Eberl & Koesel Studio GmbH, Altusried-Krugzell
Coverrealisation: Max Kostopoulos
Titelmotiv: Claudia Alt und Max Kostopoulos, unter Verwendung von Grafiken von © istockphoto.com/erhui1979
Druck und Bindung: Hubert & Co. GmbH und Co. KG BuchPartner, Göttingen
Printed in Germany

MIX
Papier aus verantwortungsvollen Quellen
FSC
www.fsc.org
FSC® C016439

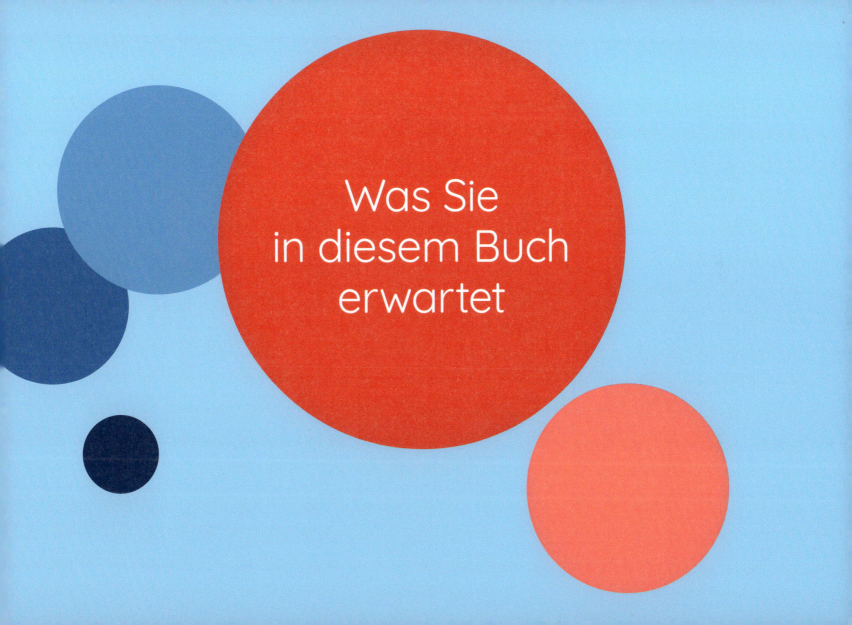

Was Sie
in diesem Buch
erwartet

Die ideale Kombination

Innovation und Qualität –
Unsere Top-Erfolgsfaktoren

Eine hohe Innovationskraft, verbunden mit deutscher Gründlichkeit, das sind die beiden Erfolgsfaktoren, die deutsche Produkte auf dem Weltmarkt einzigartig gemacht haben. Es ist also kaum verwunderlich, dass vor allem in Deutschland viele der sogenannten »Hidden Champions« ansässig sind: kleine und oft eher unbekannte Unternehmen, die jedoch mit ihrer Produktpalette und ihrer Leistungsfähigkeit einmalig sind. Die Kombination aus Erfindergeist und Streben nach höchster Qualität galten für diese Unternehmen über Jahrzehnte hinweg als Erfolgsgarant. Man schwebte förmlich im siebten Himmel unter dem Qualitätssiegel »Made in Germany«.

Aber auch große Konzerne und Schlüsselindustrien wie etwa die deutsche Automobilbranche oder der Maschinen- und Anlagenbau sind für ihre innovativen Lösungen, verbunden mit einer herausragenden Verarbeitung der Produkte, viel Liebe zum Detail und einem modernen Design weltweit bekannt. Leitsprüche wie »Das Beste oder Nichts« oder »Vorsprung durch Technik« haben sich fest in den Köpfen der Kunden eingebrannt. Tatsächlich wurde noch nie so viel in die Forschung und Entwicklung investiert wie in diesen Tagen. Die Köpfe der Mitarbeiter in den Thinktanks rauchen. Rekordsummen fließen derzeit in die Entwicklung neuer Antriebstechnologien und in die Entwicklung von Mobilitätslösungen. Aber auch die Rückrufaktionen nehmen drastisch zu und erreichen ebenso neue wie besorgniserregende Rekordstände. Es scheint so, als ob der gewaltige Innovationsdruck, unter dem viele Unternehmen leiden, zu Lasten der Qualität geht. Dies ist ein Trend, der sich inzwischen in vielen Branchen abzeichnet.

Denn nicht nur die Automobilbranche kämpft mit dieser Situation. Auch der Maschinen- und Anlagenbau erlebt seit einigen Jahren einen massiven Wandel hin zu noch mehr Automatisierung und Digitalisierung. So verlagern sich Entwicklungsschwerpunkte immer stärker in den Bereich der Softwareentwicklung und damit auf ein Gebiet, auf dem der Entwicklungsstandort Deutschland nach wie vor eher schwach aufgestellt ist.

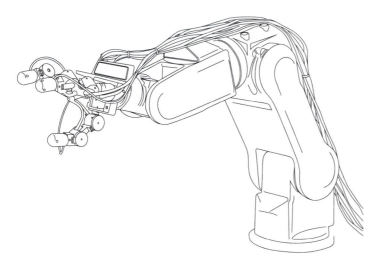

So sorgen Softwareprobleme immer wieder bei neuen Maschinenentwicklungen für großen Unmut und schaffen für die sonst so qualitätsbewusste Branche eine neue Realität, in der unzufriedene Kunden ihre wachsende Unzufriedenheit äußern. Auch die Innovationsbestrebungen, die mit dem Schlagwort Industrie 4.0 und der damit verbundenen Vernetzung von Maschinen sowie der Nutzung von Big Data und künstlicher Intelligenz verbunden sind, stellen gänzlich neue Anforderungen an das Qualitätsmanagement von Unternehmen. Neben der Digitalisierung und der Vernetzung birgt auch der Trend zu einer fortschreitenden Produktindividualisierung neue Herausforderungen. Eine Produktion in Losgröße 1 stellt nun einmal besonders hohe Anforderungen an die Herstellungsqualität. Denn nur wenn es möglich ist, eine hohe Qualität ab dem ersten Teil zu gewährleisten, geht das Konzept der Einzelfertigung auf. Flache und lange Lernkurven machen diese Produktionsphilosophie ebenso unwirtschaftlich wie imageschädlich.

Was hat sich verändert?

Innovation und Qualität, die einstigen Paradepferde der deutschen Wettbewerbsfähigkeit, sind teilweise lahm geworden.

Aufstrebende Unternehmen vor allem aus Fernost setzen längst nicht mehr nur auf atemberaubende Time-to-Market-Reduzierungen von Neuprodukten. Auch der Qualitätsgedanke rückt immer stärker in den Vordergrund ihrer Strategien. »Die ›Made in China 2025‹-Strategie formuliert es deutlich: Das Siegel soll nicht mehr für billige Massenware, sondern für Innovation und Effizienz auf Qualitätsniveau stehen«, kommentiert Christoph Pienkoß, Geschäftsführendes Vorstandsmitglied der Deutschen Gesellschaft für Qualität e. V. (DGQ) diese Herausforderung.

Die aktuelle Herausforderung besteht darin, neue Trends frühzeitig zu erkennen, die Neuproduktideen zügig umzusetzen und dabei die geforderte hohe Qualität zu gewährleisten. Das perfekte Zusammenspiel der Innovations- und der Qualitätsfunktion ist wichtiger denn je!

Die zunehmenden Qualitätsprobleme, besonders bei der Entwicklung und Markteinführung von Neuprodukten, können zu großen Teilen auf den gestiegenen globalen Innovationsdruck zurückgeführt werden. Neue Wettbewerber drängen immer schneller und massiver in die seit Jahrzehnten bestehenden Traditionsmärkte deutscher Unternehmen. Damit verbunden steigt in vielen Branchen die Entwicklungsgeschwindigkeit bei gleichzeitig zunehmender Produkt- und Prozesskomplexität. Hier geraten Unternehmen immer mehr an die Grenzen ihrer organisationalen Leistungsfähigkeit. Neue Konzepte und Methoden in der Produktentwicklung wie beispielsweise Scrum, Agile und Design Thinking versuchen, die Entwicklungsprozesse noch flexibler und damit auch schneller zu machen. Der Wettlauf um die Zukunft hat nicht erst begonnen – er ist bereits in vollem Gange!

Angesichts der zunehmenden Komplexität in der Entwicklung von Neuprodukten sind neue Organisationsformen erforderlich, die den Produktentwicklungsprozess dynamischer und agiler gestalten. Entwicklungsteams arbeiten immer autonomer und vernetzter in kurzen Sprints von Meilenstein zu Meilenstein. In diesen neu entstandenen Strukturen muss jedoch auch genügend Platz für ein zielwirksames Qualitätsmanagement vorhanden sein, das den neuen Strukturen und Methoden gerecht wird.

Innovation und Qualität sind mehr denn je die beiden Top-Erfolgsfaktoren deutscher Unternehmen im globalen Wettbewerb. Wer sie harmonisiert und wirksam einsetzt, gewinnt das Spiel!

Warum sich mehr Zusammenarbeit gerade jetzt lohnt!

Die Corona-Pandemie verändert(e) das Bewusstsein der meisten Menschen. Psychologen gehen davon aus, dass in Zukunft zum einen die Sorge um die gesundheitliche Situation und zum anderen die Sorge um die Sicherheit des Arbeitsplatzes eine wesentlich größere Rolle spielen werden als wie dies vor der Pandemie der Fall war.

In diesen Zeiten sind klare und verlässliche Ansagen der Führungskräfte in unseren Unternehmen erforderlich. Was die Politik bisher nicht geleistet hat, müssen nun die einzelnen Unternehmen leisten: Sie müssen ihren Mitarbeitenden die notwendige Sicherheit vermitteln, die gerade jetzt eine wesentliche Voraussetzung für eine hohe Leistungsbereitschaft ist. – Und

genau darauf kommt es in der angespannten globalen Wettbewerbssituation mit den bevorstehenden weitreichenden strukturellen Veränderungen der Wertschöpfungsketten an.

Ein ausgeprägtes und unternehmensweit stabiles Bewusstsein für Innovation und Qualität – sowohl was die Produkte als auch die Prozesse betrifft – bildet dabei eine entscheidende Grundlage für den zukünftigen Erfolg.

Wenn es gelingt, in den Köpfen aller Mitarbeiter die Bedeutung der beiden Top-Erfolgsfaktoren in ihrer täglichen Arbeit noch präsenter und damit verhaltenswirksamer zu machen, dann wird die Grundlage für einen stabilen und nachhaltigen Aufschwung gelegt.

In diesem Buch finden Sie Ergebnisse aktueller wissenschaftlicher Studien und konkrete Praxisbeispiele, die für Sie als Führungskraft und für Ihr Unternehmen hilfreich sein können. Die Hinweise und Empfehlungen werden insbesondere von einer umfassenden empirischen Studie gestützt, die das Institut für Change Management und Innovation der Hochschule Esslingen zusammen mit dem Verband Deutscher Maschinen- und Anlagenbau e. V. (VDMA) in über 200 Unternehmen durchgeführt hat. Die Analysen zeigen, dass es vielfach noch ungenutzte Potenziale zur Verbesserung der Innovations- und Qualitätsfähigkeit gibt. Diese Schätze zu heben, erfordert zum einen eine ausreichende Selbsterkenntnis und zum anderen den Willen, noch besser zu werden. Nutzen Sie also die Chance zur nachhaltigen Verbesserung Ihrer Markt- und Wettbewerbsposition durch die noch intensivere Verbindung Ihrer Innovations- und Qualitätskompetenzen.

Wir, *Dietmar Vahs und Michael Dunst*, wünschen Ihnen viel Freude beim Lesen dieses Buches und noch mehr Erfolg bei der Umsetzung der IQ-Formel in Ihrem Unternehmen!

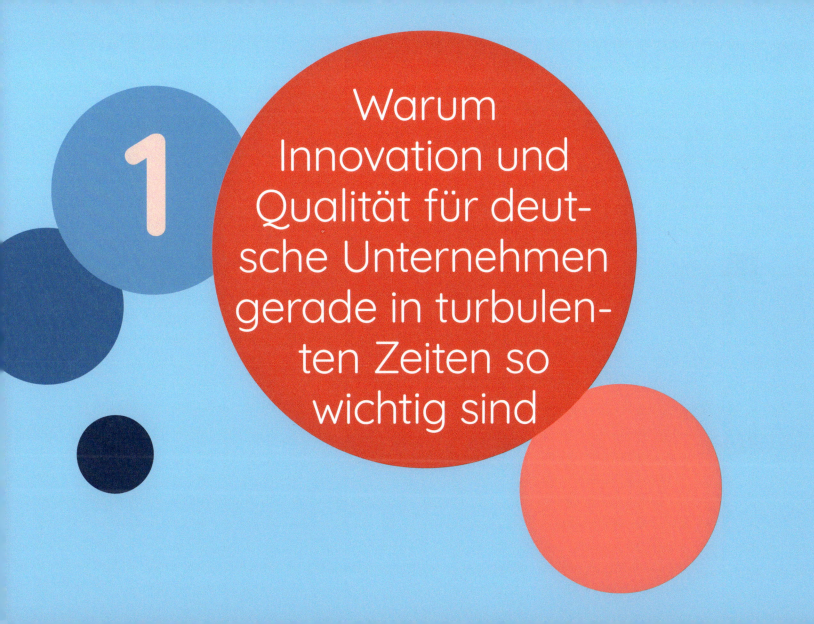

1

Warum Innovation und Qualität für deutsche Unternehmen gerade in turbulenten Zeiten so wichtig sind

In den letzten Jahren ist das Marktumfeld vieler Unternehmen noch turbulenter geworden. Turbulenz ist ein Zustand, den viele Menschen beispielsweise von ihrer letzten Reise mit einem Passagierflugzeug kennen, den sich aber nur wenige wünschen. Denn wenn aus dem Cockpit die Ansage in der Kabine ertönt: »Bitte schnallen Sie sich an, klappen Sie die Tische vor sich hoch und verlassen Sie Ihre Sitzplätze nicht«, dann schauen sich die meisten schon mal vorsichtshalber nach der grauen oder braunen Tüte um, und bei ein paar Passagieren kommt vielleicht sogar so etwas wie Euphorie auf: Endlich ist mal was los auf diesem langweiligen Flug!

Wie dem auch sei, Klarluftturbulenzen (Clear Air Turbulences) in wolkenfreier Luft sind für den Piloten oder den Autopiloten nicht erkennbar. Sie führen aber möglicherweise zu nicht kontrollierbaren starken Beschleunigungen der Maschine, die sich beispielsweise in einer ungewollten Höhenänderung aufgrund von Schwankungen im Auftrieb des Flugzeugs zeigen. Wir kennen das, wenn wir das flaue Gefühl haben, in ein »Luftloch« zu fallen oder unser Flugzeug sich mehr oder weniger stark um alle drei Achsen zu bewegen scheint. Solche Zustände können durchaus zu Schäden und sogar zu schweren Verletzungen der Passagiere führen.

Was macht der Pilot respektive Autopilot in einer solchen Situation? Er versucht, die Flughöhe, die Flugrichtung und die Fluggeschwindigkeit zu halten. Diese drei Parameter sind – neben anderen Faktoren – erfolgsentscheidend für einen sicheren Flug. Veränderungen der Fluglage in einer turbulenten Luftzone werden nur durch begrenzte Ruderausschläge vorgenommen, um die Struktur der Flugzeugzelle nicht übermäßig zu belasten. Die Erfahrung des Piloten und ein umfassendes Training sind hier beste Voraussetzungen für die erfolgreiche Bewältigung einer derartigen Situation.

Die Wirtschaftslage, in der wir uns momentan befinden, ist mit einem turbulenten Flug vergleichbar: Es ist unklar, wie die weitere Entwicklung der globalen Wirtschaft aussehen wird. Werden die bestehenden und durch die Corona-Situation zum Teil empfindlich gestörten Prozessketten halten? Sollte eine Neuorientierung der Arbeitsorganisation stattfinden? Wie können Kooperationen zwischen Unternehmen weniger krisenanfällig gemacht werden? Welche Rolle spielen in einer Phase des Umbruchs die Erfolgsfaktoren Innovation und Qualität?

Diese und weitere Fragen beschäftigen viele Führungskräfte. Wie sollen Sie damit umgehen? Entscheidend ist es sicherlich zu zeigen, dass ich als Führungskraft weiß, wohin ich mit meinem Unternehmen will und wie schnell und auf welchem Innovations-, Qualitäts- und Leistungsniveau wir uns in diese Richtung bewegen wollen. Die drei oben genannten Parameter sind also auch hier relevant. Und je besser ich sie beherrsche, desto effektiver und effizienter kann ich entscheiden und umsetzen.

Diese Anforderungen gelten für alle Branchen gleichermaßen. Und bisher ist es deutschen Unternehmen gelungen, sich erfolgreich durch innovative Produkte mit einer hohen Produktqualität auf dem Weltmarkt zu behaupten – doch die Anforderungen nehmen weiter zu.

Vor allem die zunehmend protektionistische Strategie der Amerikaner, die der frühere US-Präsident Trump mit »America First« gekennzeichnet hatte, und die chinesische Strategie »China 2025« stellen uns hierzulande vor Herausforderungen, denen es schnell und wirksam zu begegnen gilt, wenn wir die hervorragende Position im globalen Wettbewerb nicht verlieren wollen. Diese Herausforderungen werden sich in den nächsten Jahren voraussichtlich noch weiter verschärfen.

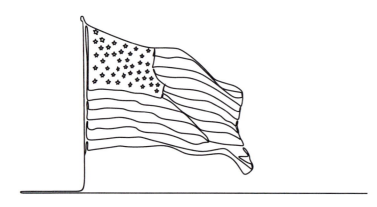

Schon in früheren Jahren hat sich die Produktqualität als ein wesentlicher Erfolgsfaktor erwiesen. Nicht umsonst haben die Engländer bereits am 23. August 1887 den »Merchandise Marks Act« mit dem Ziel beschlossen, deutsche Produkte mit der Bezeichnung »Made in Germany« als minderwertige Waren und Plagiate auszugrenzen und den eigenen Unternehmen so Wettbewerbsvorteile zu verschaffen. Damals zu Recht, denn auf der Weltausstellung in Philadelphia im Jahr 1876 fielen Produkte aus Deutschland eher durch technische Mängel und eine schlechte Verarbeitung auf.

Eine hohe Qualität allein reicht aber längst nicht mehr aus, um sich vom Wettbewerb zu differenzieren und auf lange Sicht wirtschaftlich erfolgreich zu sein. Die Fähigkeit, sich flexibel und schnell auf die sich verändernden Marktbedürfnisse und die steigenden Marktanforderungen einzustellen, ist für den Unternehmenserfolg von ebenso großer Bedeutung. Damit rückt die Innovationsfähigkeit als entscheidender Erfolgsfaktor noch stärker in den Fokus der Bestrebungen. Der englische Professor und Begründer des TQM Journals Gopal Kanji beschrieb bereits 1996, dass eine erfolgreiche Ausrichtung der Bereiche Innovation und Qualität eine wesentliche Grundlage für die Schaffung und Erhaltung der Wettbewerbsfähigkeit von Unternehmen ist[1]. Damit wird klar, dass die Verbindung einer hohen

---

1   Vgl. Kanji, G. K. (1996): Implementation and pitfalls of total quality management. Total Quality Management, 7(3): 331 – 43.

Produkt- und Prozessqualität – einerseits mit der Fähigkeit, innovative Ideen hervorzubringen und erfolgreich in den Markt einzuführen, andererseits in einem dynamischen Marktumfeld – zu einer erfolgsentscheidenden Führungsaufgabe wird.

Gerade in einem immer turbulenteren Wettbewerbsumfeld steigen die Anforderungen an den Produktentwicklungsprozess in Sachen Geschwindigkeit und Qualität.

Die folgenden vier Beispiele aus der Unternehmenspraxis machen deutlich, welche Auswirkungen sich aus der Fokussierung auf nur einen der beiden Erfolgsfaktoren ergeben. Sie zeigen auch, wie außerordentlich wichtig es ist, bei allem Bemühen um einen schnellen Markteintritt und einem daraus resultierenden hohen Entwicklungsdruck die Qualität des betreffenden Produkts nicht aus den Augen zu verlieren. Die Einbindung der Qualitätsfunktion in den Entwicklungsprozess ist dabei ein wesentlicher Erfolgsfaktor für gelungene Innovationen. Wer auf Kosten der Produktqualität versucht, die Entwicklungszeit zu verkürzen, um *first to market* zu sein, riskiert nicht nur hohe Reklamationskosten und Imageverluste, sondern läuft Gefahr, seinen Unternehmenserfolg langfristig zu gefährden.

Wer die Qualitätsfunktion im Entwicklungsprozess außen vor lässt, gefährdet den Erfolg seines Unternehmens.

Beispiel: Innovation und Qualität im Blindflug

Wenn die Vorreiterrolle auf Kosten der Sicherheit und Produktqualität geht …

Die derzeit tobende Schlacht um die Zukunft der automobilen Mobilität erzeugt einen massiven Innovationsdruck auf die Automobilhersteller. Dabei inszenieren sich die Unternehmen gerne in ihrer vermeintlichen Vorreiterrolle für neueste und revolutionärste Technik. Ein besonders umkämpftes Feld neben dem Antriebsstrang ist das autonome Fahren. Welchem Hersteller gelingt zuerst der große Durchbruch? Wer wird Sieger im Wettlauf um die zukünftigen Kunden?

Wenn aus einem übertriebenen Entwicklungsehrgeiz und dem Drang, als erster Hersteller mit neuer Technik auf den Markt zu preschen, Qualitätsansprüche und Sicherheitsaspekte vernachlässigt werden, dann kann es im wahrsten Sinne des Wortes gefährlich werden. So auch im Fall des US-amerikanischen Unternehmens Tesla, Inc. So endeten bereits mehrere Autopilot-Fahrten tödlich. Der letzte schwere Unfall ereignete sich im April 2021 im US-Bundesstaat Texas. Es sei wohl sicher, dass zum Unfallzeitpunkt kein Fahrer am Steuer gesessen habe, sondern das Fahrzeug beim Aufprall vom Autopiloten gelenkt worden ist.

»Nicht ausreichend sichere Technik auf die Straße zu bringen und im regulären Verkehr reifen zu lassen, ist unverantwortlich.« Das sagt Heiko Wolframm, Experte für Fahrerassistenzsysteme im Landsberger Technikzentrum des ADAC[2].

Aber um fair zu bleiben: Tesla hatte auch nie wirklich behauptet, dass der Autopilot völlig autonom fahren kann. Allerdings dürfen die Sicherheit und die damit verbundene Produktqualität dabei nicht vernachlässigt werden. Der geschilderte Fall zeigt uns, wie wichtig es auch als technologischer Vorreiter ist, hohe Sicherheits- und Qualitätsansprüche nicht aus den Augen zu verlieren und das Verantwortungsbewusstsein auch in der

Rolle als Pionier in den Vordergrund zu stellen. Im schlimmsten Fall bezahlen nämlich die Kunden für eine unausgereifte Technik und überambitionierte Entwicklungsgeschwindigkeiten mit ihrem Leben. Das führt uns direkt zum nächsten Beispiel.

Beispiel: Innovation und Qualität im Sturzflug

Die Neuauflage von Boeings 737, der »Brot und Butter«-Maschine des amerikanischen Flugzeugherstellers, sollte zu einer großen Erfolgsgeschichte werden.

Die Boeing 737 MAX, ausgestattet mit vielen technischen Neuerungen und innovativen Bordsystemen, hätte zu einem Kassenschlager werden sollen, doch letztlich kam alles anders.

Ziel war es, ein modernes und zukunftsträchtiges Flugzeug zu entwickeln, welches der Konkurrenz aus Übersee davonfliegt. Der europäische Rivale Airbus konnte in den vergangenen Jah-

2 Vgl. Kuhn, T. (2016): Tesla agiert bei Autopilot »unverantwortlich«. In: WirtschaftsWoche vom 07. Juli 2016

ren seine Marktanteile immer weiter ausbauen. Es musste also dringend etwas getan werden. Einsparprogramme und ambitionierte Entwicklungspläne sind dann die üblichen und vermeintlich probaten Wege, die von Top-Managern gerne beschritten werden. So stieg auch bei Boeing der Kosten- und Innovationsdruck immer stärker an. Die amerikanische Zulassungsbehörde Federal Aviation Administration (FAA) drängte ihre Sicherheitsingenieure zudem zu einer schnellen Zulassung des Flugzeugs, um keine weiteren Marktanteile an Airbus zu verlieren. Dieser Druck von allen Seiten endete schließlich in einer Katastrophe: Nach zwei Flugzeugabstürzen, die auf die fehlerhafte Steuerungssoftware des Trimmsystems MACS zurückzuführen waren, blieb der einstige Hoffnungsträger aufgrund von nahezu weltweiten Flugverboten für zwanzig Monate am Boden und wurde zum Katastrophenflugzeug. Bestellungen wurden storniert, hohe Strafzahlungen auferlegt und Schadenersatz gefordert.

Um die Problematik in den Griff zu bekommen, beseitigte Boeing neben dem für die Abstürze hauptverantwortlichen Softwareproblem auch noch zahlreiche weitere technische Mängel, auf die man während der internen Untersuchungen gestoßen war. Ein Untersuchungsergebnis war beispielsweise, dass nicht zugelassene Sensoren verbaut worden waren. Außerdem fanden Techniker bei Wartungsarbeiten in etlichen Treibstofftanks der Boeing 737 MAX diverse Gegenstände wie Werkzeuge, Kleidungsteile, Bauteilreste und andere Dinge, die aus der Mon-

tagephase stammten und sicherlich nicht in den Tank eines Flugzeuges gehören.

Ähnlich schwere Mängel sind auch bei der Produktion des Boeing-Langstrecken-Verkehrsflugzeugs 787 »Dreamliner« aufgetreten. Hier gab es neben Software- auch Triebwerksprobleme und Schwierigkeiten mit der Bordelektrik, die ebenfalls zu nahezu weltweiten Groundings und etlichen Schadenersatzforderungen führten. Im Prozess der Aufarbeitung dieser Probleme kamen E-Mails an die Öffentlichkeit, die dem Top-Management kein gutes Zeugnis ausstellen. In den Dokumenten ist beispielsweise von unerreichbaren Zielvorgaben seitens der Führung die Rede. Diese Vorkommnisse lassen tief blicken und zeigen, wie wenig Qualitätsbewusstsein im Top-Management des Luftfahrtunternehmens vorhanden gewesen sein muss, denn durch die ehrgeizige Integration von innovativen Systemen, verbunden mit unrealistischen Entwicklungsplänen, wurde die Qualität buchstäblich in den Wind geschrieben.

Was neben dem Schaden in Milliardenhöhe bleibt, sind ein immenser Vertrauensverlust und ein fataler Imageschaden für Boeing. Damit ist das Unternehmen ein Negativbeispiel dafür, was passieren kann, wenn eine hohe Qualität im Innovations- und Entwicklungsprozess nicht zu den Topzielen gehört.

Beispiel: Innovation und Qualität in der Sackgasse

Er ist seit Jahrzehnten der Liebling der Nation – der VW Golf. Tausendfach produziert und stets bewährt. Zuverlässig und solide, so kennt man den Wolfsburger. Ein Kaufargument: »Ein Auto, das in diesen Stückzahlen produziert wird, kann ja nur ausgereift sein.«

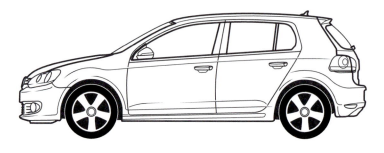

Der neue Golf VIII wurde nicht nur in Deutschland sehnsüchtig erwartet. Er hatte von Anfang an Fans auf der ganzen Welt. Seit über 45 Jahren war der VW Golf das meistverkaufte Auto in Europa. Doch der am 24. Oktober 2019 vorgestellte vermeintliche Verkaufsschlager und Inbegriff der Kompaktklasse wurde zum Sorgenkind des Konzerns. Im Jahr 2019 sollten im Stammwerk rund 100 000 Fahrzeuge vom Band rollen und die Straßen Europas erobern. Tatsächlich verließen nur lediglich 8000 VW Golf das Werk. Erstmals wurde er im Frühsommer 2020 von seinem französischen Konkurrenten Renault Clio überholt. Der

Grund für den schwachen Absatz waren vor allem die anhaltenden Qualitätsprobleme mit der Software.

Was war passiert? Der damalige VW-Betriebsratschef Bernd Osterloh brachte das Problem wie folgt auf den Punkt:

> »Hier wollten überehrgeizige Vorstände zu schnell zu viel Technik in ein Fahrzeug stopfen und sind damit gescheitert.«

Damit ist der Golf VIII ein weiteres Beispiel dafür, was geschehen kann, wenn die Qualität mit der Innovationsgeschwindigkeit nicht Schritt halten kann beziehungsweise wenn die Qualitätsfunktion des Unternehmens nicht ausreichend in den Entwicklungsprozess eingebunden wird. Nach dem vermasselten Verkaufsstart folgten im Mai 2020 schließlich ein Auslieferungsstopp und die erste Rückrufaktion der bereits ausgelieferten Fahrzeuge – viele waren es aufgrund der Produktionsprobleme damals noch nicht. Rund 30 000 Fahrzeuge rief der Konzern wegen eines Fehlers des eCall-/Notrufassistenten zurück.

Das offenbar nicht ausreichend erkannte Problem war, dass die steigende Vernetzung der Systeme den Einsatz neuer digitaler Technologien erfordert. Die dazu notwendigen Kompetenzen beziehungsweise technischen Lösungen waren jedoch zumindest teilweise noch nicht ausreichend vorhanden. Zudem fehlten offensichtlich auch Qualitätsprozesse, welche die digitale Welt abbilden und steuern konnten.

So war auch in diesem Fall der Innovationsdruck mitverantwortlich für die massiven Qualitätsprobleme. Das unterstreicht erneut die Notwendigkeit einer engen Zusammenarbeit zwischen der Innovations- und der Qualitätsfunktion insbesondere im Neuproduktentwicklungsprozess.

Beispiel: Innovation und Qualität verspielt

Die Gaming-Community ist in Aufruhr! Es geht um das neue Konsolen- und PC-Open-World-Action-Rollenspiel »Cyberpunk 2077« von CD Projekt.

Die CD Projekt RED S. A. ist ein polnischer Entwickler und Publisher von Computerspielen für den internationalen Markt, darunter die international erfolgreiche Computer-Rollenspielserie »The Witcher«. Laut einem Bericht des Nachrichtensenders Bloomberg Ende 2019 sei der Börsenwert des Unternehmens in den letzten zehn Jahren um ganze 21 000 % gestiegen. Ein solcher Anstieg ist bis dato keinem anderen Unternehmen des Index STOXX Europe 600 gelungen. Anfang 2020 lag der Wert des polnischen Unternehmens bei fast 7 Milliarden US-Dollar. Ende Mai 2020 wurde CD Projekt nach Börsenkapitalisierung noch vor Ubisoft das wertvollste Unternehmen Europas aus der Spielebranche.

»Cyberpunk 2077« ist das wohl begehrteste Spiel des Jahres. Die Ankündigung des neuen Rollenspiels erfolgte bereits in den Jahren 2018/19 auf der Spielemesse E3. Spätestens ab diesem Zeitpunkt warteten Millionen von Spielern auf die Neuentwicklung. Die Spielemacher standen nach der Ankündigung unter einem enormen Druck. Tausendfach gingen Vorbestellungen ein. Nach mehreren Terminverschiebungen wagte das Unternehmen dann zur Freude von Millionen von Fans am 10. Dezember 2020 die Markteinführung von »Cyberpunk 2077«.

Was dann geschah, wird vermutlich in die Geschichte der Spieleindustrie eingehen, denn es entstand das bisher größte Debakel der ganzen Branche. Die Gamer waren von der Spielequalität enttäuscht und frustriert. Durchsiebt von Bugs, schwachen Framerates und fortlaufenden Spieleabstürzen sorgte die neue Entwicklung für den Unmut Tausender von Spielern. Der Vorwurf von einer gezielten »Abzocke« wurde immer lauter. Das Management stand mit dem Rücken zur Wand und entschied sich, die Notbremse zu ziehen. Es folgte eine offizielle Entschuldigung dafür, sich zu wenig Zeit für die Entwicklung der Xbox- und Playstation-Varianten genommen zu haben. Zu hoch war der Entwicklungsdruck, der auf den Schultern der Softwareentwickler lastete. Man sicherte den Käufern daraufhin die volle Rückerstattung zu. Aber nicht nur die Gamer waren verärgert, auch der Sony Konzern war nicht begeistert. Die Reaktion war eindeutig und ebenso beispiellos wie der Fall »Cyberpunk 2077« an sich – der japanische Konzern entschied sich dazu, das Spiel vorläufig aus seinem Download-Store zu verbannen.

Festzuhalten ist, dass die Spieleentwickler ihre Prioritäten auf Geschwindigkeit und Innovation setzten, während die Qualität dabei im wahrsten Sinne des Wortes »verspielt« wurde. Die

schlechte Neuproduktqualität kostete das Unternehmen viele Milliarden an Börsenwert. Innerhalb von wenigen Tagen brach der Aktienkurs des Unternehmens um rund 50 Prozent ein.

Was lief in diesem Unternehmen so gewaltig schief? Wie kann es sein, dass man so wenig auf die Qualität der Programmierung geachtet hat? Ehemalige Mitarbeiter berichteten gegenüber der New York Times von den unhaltbaren Zuständen in diesem Unternehmen: »Bürogerüchte, die sich auf Discord-Servern verbreiten, irreführende, von Managern gesetzte Fristen, Streitigkeiten unter den Führungskräften des Unternehmens sowie Inkompetenz und schlechte Planung, die zu unnötigem ›Crunch‹ führen, ein Begriff für die Überlastung von Mitarbeitern, Spiele unter starkem Zeitdruck zu produzieren. Langjährige Mitarbeiter verließen die Firma als Folge der Überlastung. ›Die Eigentümer behandeln die Firma als eine Maschine zum Geldverdienen und sehen die Mitarbeiter nicht als Menschen, sondern eher als Daten in der Tabelle‹, schrieb ein ehemaliger Mitarbeiter auf der Seite« (Quelle: New York Times: »Cyberpunk 2077 Was Supposed to be the biggest Video Game of the Year. What happened?«, 19. 12. 2020).

Beispiel: Innovation und Qualität richtig aufgegleist

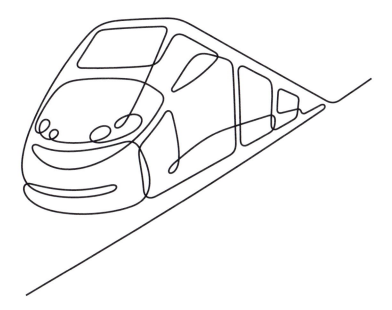

Die zuvor geschilderten negativen Beispiele von Innovationen, denen die notwendige Qualität abhandengekommen ist, haben den Vorteil, dass sie das Interesse in besonderer Weise wecken und zu Gedanken motivieren wie: Solche Fehler machen wir nicht! Das machen wir aber besser! Gut so!!! Allerdings möchten wir Ihnen auch ein positives Beispiel aus einer Branche zeigen, die zwar kein Leading Sector ist, die aber zumindest Kinderherzen höherschlagen lässt, nämlich die Spielwarenindustrie, und hier speziell einen Hersteller von Modelleisenbahnen, die Firma Gebr. Märklin & Cie. GmbH.

Das Unternehmen wurde 1859 in Göppingen in der Nähe von Stuttgart gegründet und stellte zunächst Puppenküchen sowie später Schiffsmodelle, Karussells und Kreisel her. Im Jahr 1891 wurde auf der Leipziger Frühjahrsmesse erstmals eine Eisenbahn mit Uhrwerkantrieb auf einer Schienenanlage in Form einer Acht präsentiert. Damit begann in den Kinderzimmern der weltweite Siegeszug der Spielzeugeisenbahnen. Märklin ist es auch zu verdanken, dass alsbald die Spurweiten vereinheitlicht wurden, wodurch die einzelnen Teile verschiedener Bahnen miteinander kombiniert werden konnten. In den 1930er Jahren folgte dann als Produktneuheit die erste Tischeisenbahn im Maßstab 1:87 (Nenngröße 00), die dann ab 1950 die bis heute übliche Abkürzung H0 (Halb-Null) erhielt. Durch rasant steigende Absatzzahlen wurde Märklin in den fünfziger und sechziger Jahren des letzten Jahrhunderts zu einem der weltweit größten Hersteller von Modelleisenbahnen. 1972 kam dann zur Nürnberger Spielwarenmesse noch die Nenngröße Z im Maßstab 1:220, genannt Mini-Club, hinzu. Diese extreme Miniaturisierung auf einem hohen technischen und optischen Niveau war seinerzeit eine innovative Sensation, die auch von einer hohen Produktqualität getragen wurde.

Nachdem dann in den 1980er und 1990er Jahren Modelleisenbahnen immer weniger als Kinderspielzeug nachgefragt wurden und dementsprechend sinkenden Umsätzen und zuletzt sogar massiven Verlusten übernahm eine britische Finanzgruppe das Unternehmen mit dem Ziel der Sanierung und des späteren Weiterverkaufs. Allerdings war dieser Prozess, der im Wesentlichen auf Kostensenkung setzte, nicht von Erfolg gekrönt, denn die Kundenbeschwerden über eine qualitativ minderwertige Ausführung der Produkte häuften sich. Ausgerechnet im Jahr des 150-jährigen Bestehens der Firma musste schließlich am 4. Februar 2009 Insolvenz angemeldet werden, nachdem weitere Kreditverhandlungen gescheitert waren. Nach der Übernahme der Geschäfte durch einen Insolvenzverwalter stellte sich heraus, dass allein in den drei Jahren vor der Insolvenz Beraterhonorare in Höhe von rund 40 Mio. Euro gezahlt worden waren – Geld, dass für die Erneuerung und Verbesserung der Produktpalette fehlte. Im Dezember 2010 gelang es dann, mithilfe eines Insolvenzplans die Grundlage für eine erfolgreiche Sanierung zu legen. In dieser Zeit wurden auch diejenigen Teile der Märklin-Produktpalette nach Deutschland beziehungsweise Ungarn zurückgeholt, die zuvor nach Asien ausgelagert worden waren.

Auf das »richtige Gleis« kam Märklin dann endgültig mit der Neuausrichtung im Jahr 2013, als der Spielzeughersteller Simba Dickie Group mit Sitz in Fürth das Unternehmen übernahm. Die neuen Eigentümer konzentrierten sich auf das Kernsortiment, verbesserten die Produkt- und Prozessqualität und setzten mit der Digitalisierung des Sortiments auf technologische Innovationen. Damit ließen sich erfolgreich neue Zielgruppen gewinnen, beispielsweise dem Jungenalter entwachsene Herren (und auch die eine oder andere Dame), die schon als Kinder ein Faible für Märklin gehabt hatte und die dazu auch noch bereit waren, für qualitativ hochwertige und technisch innovative Sammlermodelle mehrere hundert oder in der Spur 1 sogar mehrere tausend Euro für eine Lokomotive zu bezahlen. So konnte Märklin durch hohe Qualität und gezielte Produktinnovationen wichtige Marktsegmente zurückerobern und erfolgreich ausbauen. Zum Jahresende 2020 wurden 40 Prozent mehr Aufträge verzeichnet als ein Jahr zuvor, sicher auch durch die Corona-Pandemie, die dazu geführt hat, dass sich viele Modelleisenbahnfans wieder mehr ihrem »alten« Hobby zuwandten und vor allem auch die Zielgruppe der Kinder und Jugendlichen zumindest teilweise zurückgewonnen werden konnte.

Fünf Beispiele, die zeigen, worauf es ankommt, nämlich auf eine Ausgewogenheit von Innovationserfordernissen einerseits und Qualitätsanspruch andererseits.

Unsere Beispiele zeigen, dass nur solche Unternehmen, die auf allen Zeitebenen darauf achten, dass sie dem Innovationsdruck standhalten, ohne die Qualität ihrer Produkte zu vernachlässigen, sowohl kurz- als auch langfristig Erfolgschancen haben und sich insbesondere angesichts von immer turbulenteren Zeiten ihre Marktposition sichern können. Wichtig dabei ist, dass das Top-Management ebenso wie alle anderen Führungskräfte eine klare Orientierung hat und die eingeschlagene Richtung beibehält, ihr Anspruchsniveau nicht senkt und die Geschwindigkeit ihres Vorgehens den Gegebenheiten flexibel anpasst. So lassen sich im wahrsten Sinne des Wortes gerade in einer turbulenten Umwelt Entgleisungen und Abstürze mit ihren für das Unternehmen unabsehbaren Folgen vermeiden.

Stellen Sie sich bitte folgende Fragen:

▶ *Welche Rolle spielt bei Ihnen im Unternehmen die Verbindung von Innovation und Qualität?*

▶ *Warum arbeiten die Innovations- und Qualitätsverantwortlichen nicht (noch) enger zusammen?*

Bitte machen Sie sich ein paar Notizen, wie es aktuell um die IQ-Zusammenarbeit in Ihrem Unternehmen steht. Was läuft gut, was läuft schlecht? Was sind die Hintergründe des derzeitigen Standes der Zusammenarbeit?

SO STEHT ES AKTUELL UM DIE ZUSAMMENARBEIT DER INNOVATIONS- UND QUALITÄTSVERANTWORTLICHEN BEI UNS:

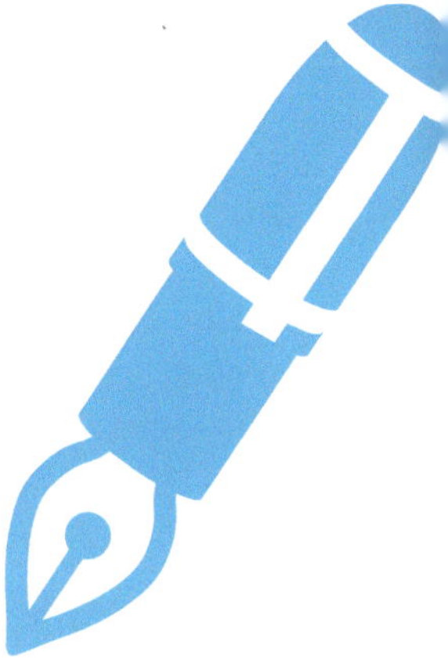

_____

_____

_____

_____

_____

_____

_____

_____

_____

_____

_____

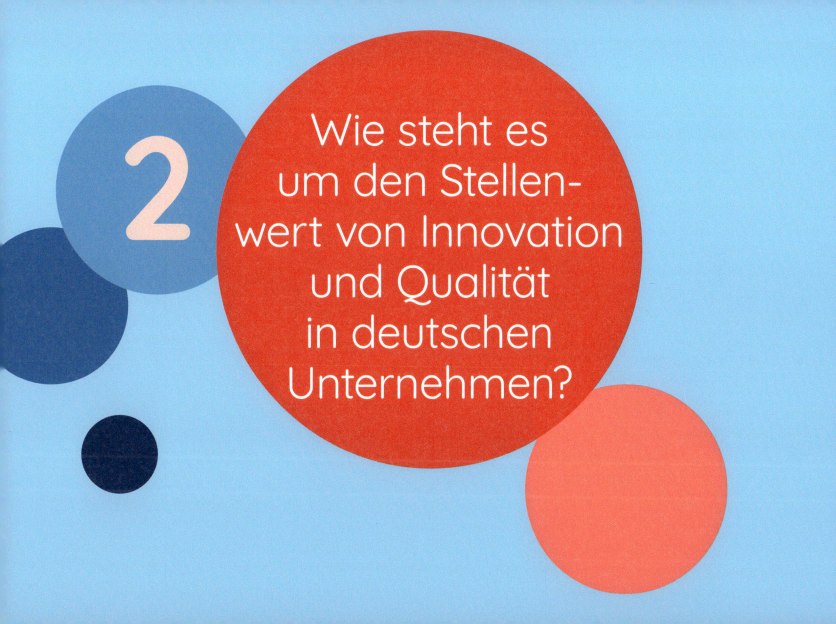

2

Wie steht es
um den Stellen-
wert von Innovation
und Qualität
in deutschen
Unternehmen?

Innovation und Qualität sind die beiden Top-Erfolgsfaktoren schlechthin. Innovative und qualitativ hochwertige Produkte, die in ebensolchen Prozessen entstehen, sind für jedes Unternehmen das Nonplusultra, wenn es um wirtschaftlichen Erfolg und Zukunftssicherung geht. Wenn die Neuprodukte dann noch *first to market* sind, ist alles bestens! Also müssten alle Top-Entscheider eigentlich ein fundamentales Interesse daran haben, dass das Innovationsmanagement einerseits und das Qualitätsmanagement andererseits in ihrem Unternehmen intensiv und bestmöglich zusammenarbeiten.

Der Konjunktiv »müssten« zeigt, dass dies zwar möglich und wünschenswert, aber in vielen Fällen nicht gelebte Realität ist. Stattdessen erleben wir immer wieder Innovations-/F+E-Einheiten, die lieber ohne ihre Kollegen aus der Qualitätsabteilung arbeiten. Wenn man fragt, warum dem so ist, hört man häufig, dass die Qualitäter eher »Bremser«, »Pessimisten«, »Bürokraten« usw. seien. Es mag sein, dass es auf dem Weg vom klassischen Qualitätsmanager hin zum kreativen Organisationsentwickler, wie ihn zum Beispiel die Deutsche Gesellschaft für Qualität e. V. (DGQ) proklamiert, in vielen Unternehmen noch ein weiter Weg ist. Die damit verbundenen mentalen Barrieren zwischen den beiden Organisationseinheiten können also eine fruchtbare Zusammenarbeit be- oder sogar verhindern. Doch können es sich unsere Unternehmen wirklich leisten, die zwischen der Innovations- und der Qualitätsfunktion möglichen Synergien nicht zu nutzen? Wir meinen: Nein!

Um dieser spannenden Frage nachzugehen, hat das Institut für Change Management und Innovation (CMI) der Hochschule Esslingen im Jahr 2019 gemeinsam mit dem Verband Deutscher Maschinen- und Anlagenbau e. V. (VDMA) und der Deutschen Gesellschaft für Qualität e. V. (DGQ) eine deutschlandweite, branchenübergreifende empirische Studie mit einem Schwerpunkt im Maschinen- und Anlagenbau durchgeführt (siehe die Verteilung nach Branchen in Bild 2.1). An dieser Studie nahmen über 230 Befragte, überwiegend aus der obersten Hierarchieebene, einer systematisch gezogenen Stichprobe aus dem Innovations- und Qualitätsmanagement teil. Dabei ging es unter anderem um die Frage, ob in den Unternehmen ein einheitliches

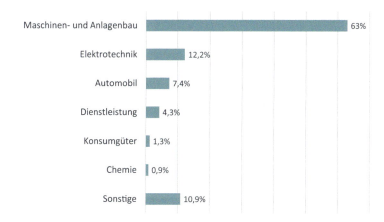

Bild 2.1 Branchenverteilung in der empirischen Studie

und gemeinsames Verständnis der Begriffe »Innovation« und »Qualität« besteht, wie die Arbeit der beiden Funktionen auf den Unternehmenserfolg wirkt oder wie sich Unternehmen innovations- und qualitätsstrategisch ausrichten.

Vielleicht fragen Sie sich jetzt, ob sich aus den Studienergebnissen konkrete Schlussfolgerungen für Ihre tägliche Arbeit als Führungskraft ziehen lassen. Um die Antwort schon einmal klar und eindeutig vorwegzunehmen: Ja!

Denn die Ergebnisse unserer Studie belegen, dass eine ebenso intensive wie vertrauensvolle Zusammenarbeit der Innovations- und der Qualitätsfunktion einen positiven Einfluss auf den wirtschaftlichen Erfolg eines Unternehmens hat. Vielleicht war Ihnen das schon immer bewusst – aber möglicherweise nicht Ihren Vorgesetzten und Ihren Kollegen. Das liegt auch – aber nicht nur – daran, dass Innovation und Qualität in über 75 Prozent der Unternehmen einen hohen Stellenwert haben (Bild 2.2). Das ist sehr erfreulich, aber auch nicht wirklich überraschend. Überraschend ist da eher, dass immerhin rund ein Viertel der von uns befragten Unternehmen den beiden Erfolgsfaktoren nur einen mittleren bis geringen Stellenwert beimisst; aber möglicherweise handelt es sich hier um Unternehmen, die sich eher in der Rolle der Follower oder sogar Imitatoren sehen, die sich über den Preis differenziert. Oder aber: Man hat nicht wirklich erkannt, worauf es in turbulenten Zeiten ankommt, wie man sich im globalen Markt aufstellen muss und welche Bedeutung dabei ein klares und unternehmensweit übereinstimmendes Innovations- und Qualitätsverständnis, verbunden mit einem top-down vorgelebten hohen Stellenwert von Innovation und Qualität (IQ), hat.

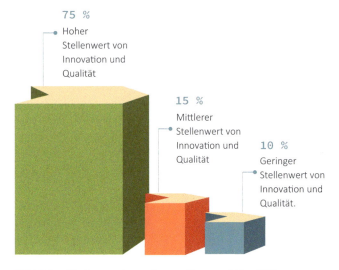

Bild 2.2   Stellenwert von Innovation und Qualität

Wie soll sich ein Unternehmen im globalen Wettbewerb zukünftig erfolgreich behaupten, wenn die beiden wichtigsten Erfolgsfaktoren keinen hohen Stellenwert haben?

3

Die IQ-Formel:
Wie wirken
Innovation und
Qualität auf den
Unternehmens-
erfolg?

U m die Wirkungen der beiden Erfolgsfaktoren zu untersuchen, haben wir aus den statistischen Daten der Befragung unsere IQ-Formel entwickelt. Hierzu wurden die Wirkungen der beiden Faktoren Innovations- und Qualitätsfähigkeit näher untersucht. Diese beiden Faktoren beschreiben, inwieweit ein Unternehmen in der Lage ist, innovative Produkte zu erstellen beziehungsweise qualitätsexzellente Produkte und Prozesse zu gewährleisten. Diese Fähigkeiten haben wir anhand von zahlreichen Fragestellungen aus den Bereichen Management, Strategie, Organisation und Kultur näher beschrieben. Wie dem in Bild 3.1 dargestellten Kausalmodell zu entnehmen ist, wirkt sich die Innovations- und Qualitätsfähigkeit mit einer mittleren Wirkungsstärke (vgl. die beiden Pfadkoeffizienten 0,399 bzw. 0,389) jeweils direkt auf die Innovations- und die Qualitäts-Performance aus, was nicht weiter erstaunlich ist. Schließlich determinieren die entsprechenden

Fähigkeiten nun einmal generell die messbare Innovations- und Qualitätsleistung eines Unternehmens.

Bemerkenswert ist allerdings, dass wir empirisch nachweisen konnten, dass einerseits die Innovationsfähigkeit einen messbaren Einfluss auf die Qualitäts-Performance (Wirkungsstärke 0,178) und andererseits die Qualitätsfähigkeit einen Einfluss auf die Innovations-Performance hat (Wirkungsstärke 0,159). Das sollte all denjenigen zu denken geben, die der Meinung sind, das Qualitätsmanagement sollte sich im Innovationsprozess zurückhalten und die Entwickler nicht »bei deren Arbeit stören«. Aber auch diejenigen, die meinen, der Qualitätsbereich kommt ohne innovatives Gedankengut aus, sollten ihre Haltung überprüfen. Oder anders ausgedrückt wird schon jetzt klar: Innovation und Qualität gehören zusammen!

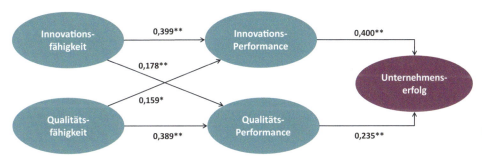

Bild 3.1 Welche Faktoren wirken auf den Unternehmenserfolg?

Wem das zu pathetisch klingt, dem können wir auch sagen: IQ sollten zumindest eng kooperieren und am gleichen Strang in die gleiche Richtung ziehen.

In einem weiteren Schritt haben wir dann untersucht, wie sich die IQ-Performance jeweils auf den Unternehmenserfolg auswirkt. Das Modell zeigt, dass die Innovations-Performance mit 0,400 eine deutlich stärkere Wirkung besitzt als die Qualitäts-Performance (0,235).

Daraus könnte man nun schlussfolgern, dass eine stärkere Fokussierung auf die Innovationskraft eine sinnvolle und logische Konsequenz wäre und man die Qualitätsfunktion demgegenüber ein wenig vernachlässigen kann. Dies ist allerdings ein schwerwiegender Trugschluss. Denn bei der näheren analytischen Betrachtung unserer Daten anhand einer sogenannten »Importance Performance Map« haben wir festgestellt, dass die Innovations-Performance zwar die wichtigste Einflussgröße auf den Unternehmenserfolg ist, dass es jedoch ebenfalls auf die Fähigkeit ankommt, qualitativ hervorragende Prozesse und Produkte zu haben. Das bedeutet:

Die Innovations-Performance ist für den Unternehmenserfolg zwar wichtiger als die Qualitäts-Performance, aber ohne eine ausgeprägte Qualitätsfähigkeit gibt es keinen nachhaltigen Unternehmenserfolg.

Wir können also davon ausgehen, dass es sich bei der Qualitätsfähigkeit um einen Hygienefaktor handelt. Dies bedeutet, dass ein neues Produkt noch so innovativ sein kann – wenn es den Qualitätsanspruch des Kunden nicht erfüllt, wird es am Markt nicht erfolgreich sein und kann somit auch keinen nachhaltigen Wertbeitrag zum Unternehmenserfolg leisten.

Damit können wir zusammenfassend festhalten, dass es die Kombination von Innovationsfähigkeit und Qualitätsfähigkeit ist, die den Grad der IQ-Performance und damit langfristig den Unternehmenserfolg beeinflusst. Daraus leiten wir die folgende IQ-Formel ab, in der sich die Bedeutung einer Kombination der beiden Top-Erfolgsfaktoren zeigt (Bild 3.2).

IQ-Exzellenz = Innovationsfähigkeit x Qualitätsfähigkeit

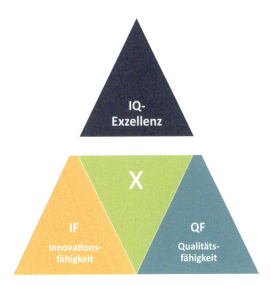

Bild 3.2   Die IQ-Formel

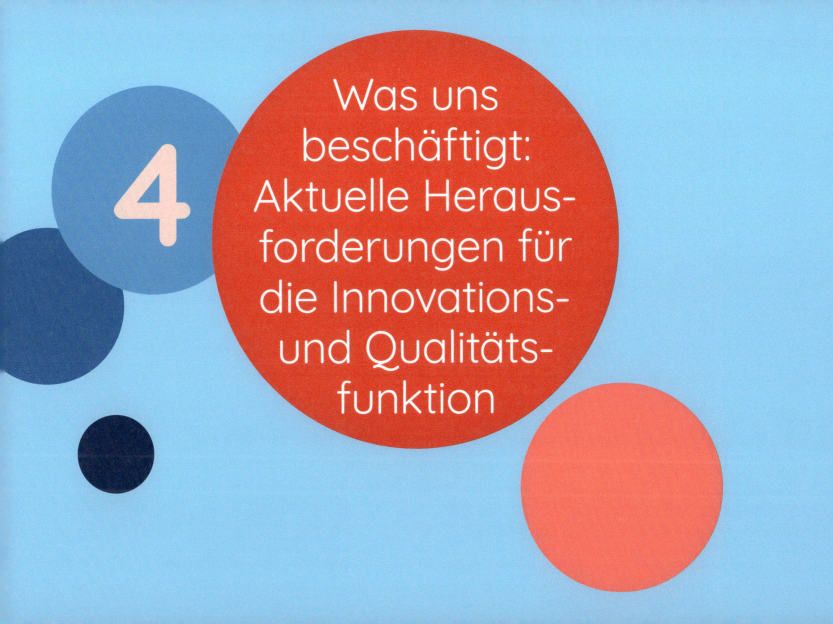

4

Was uns beschäftigt: Aktuelle Herausforderungen für die Innovations- und Qualitätsfunktion

Bei unserer Befragung der Innovations- und Qualitätsmanager ist noch eines deutlich geworden: Es gibt derzeit einige Herausforderungen, die einzeln und erst Recht in ihrer Kombination hohe und höchste Anforderungen an das Management stellen. Bild 4.1 zeigt, welchen Challenges sich die Führungskräfte unserer Unternehmen heute und in den nächsten Jahren stellen müssen.

Bild 4.1 Die wichtigsten aktuellen Herausforderungen

An erster Stelle wurde von den Befragten eine weiter zunehmende Entwicklungsgeschwindigkeit genannt. Dies haben auch zahlreiche persönliche Gespräche und Interviews gezeigt, die wir im Rahmen unserer Projektarbeit in Unternehmen aller Branchen geführt haben. Dabei war immer wieder von rasant steigenden Innovationsraten und einem hohen Entwicklungsdruck die Rede. Daraus ergeben sich Handlungsfelder, welche die gesamte Organisation betreffen, angefangen bei der Beschaffung von Zukaufteilen und dem dazugehörigen Lieferantenmanagement über ein professionelles Neuprodukt-Marketing bis hin zu einem flexiblen Servicemanagement. Die steigende Entwicklungsgeschwindigkeit hat auch zur Folge, dass Entwicklungspartner enger und frühzeitiger in die Produktentwicklungsphasen eingebunden werden müssen. Die daraus resultierende Vernetzung und Koordination wird so immer komplexer und aufwendiger. Es geht nicht nur um die Kooperation mit externen Entwicklungspartnern, auch die Integration der internen Schnittstellen und aller Prozessbeteiligten wird zu einer herausfordernden strukturellen und unternehmenskulturellen Aufgabe.

Neben den immer kürzer werdenden Entwicklungszeiten sind auch die turbulenten Marktveränderungen eine wesentliche Herausforderung. Neue Technologien und die Erschließung von bislang unbekannten Märkten fordern die Unternehmen sowohl strategisch als auch operativ. Geschäftsmodellinnovationen rücken in vielen Branchen immer mehr in den Vordergrund und versuchen, neue Einnahmequellen zu altbewährten Kerngeschäften zu generieren. Das stellt das Qualitätsmanagement vor die Aufgabe, sozusagen auf unbekanntem Terrain tätig zu werden und die vorhandenen Kompetenzen schnell und wirksam anzupassen. Aber auch Kundenbedürfnisse ändern sich deutlich schneller als in der Vergangenheit. Dadurch wird es schwerer, neue Trends zuverlässig vorherzubestimmen und auf diese frühzeitig zu reagieren. Unternehmerische Entscheidungen für neue und oftmals teure Technologien sind dadurch mit einem höheren Risiko verbunden.

Insbesondere die fortschreitende Digitalisierung stellt die deutsche Industrie nun schon seit einigen Jahren auf den Kopf. Nach der Dampfmaschine, dem Fließband und dem Computer verändert die »vierte industrielle Revolution« die gesamte Fertigungswelt und fordert Unternehmen aller Branchen in besonderer Weise heraus. Die Digitalisierung erfordert jedoch nicht nur ein hohes Maß an Wandlungsfähigkeit und Innovationskraft. Vermehrt ist nun auch die Fähigkeit zu einer branchenweiten und auch branchenübergreifenden Kooperation gefragt. Im Leitbild 2030 für Industrie 4.0 des deutschen Ministeriums für Wirtschaft und Energie aus dem Jahr 2019 hieß es bereits:

»Die flexible Vernetzung unterschiedlicher Akteure zu agilen Wertschöpfungsnetzen ist einer der zentralen Kernbausteine digitaler Geschäftsprozesse in der Industrie 4.0. Zur Gestaltung solcher komplexen, dezentral organisierten Strukturen ist die Interoperabilität aller Akteure eine strategische Schlüsselkomponente. Erst ein hohes Maß an Interoperabilität und Kooperation, zu der sich alle Partner eines Ökosystems bekennen und gleichermaßen beitragen, gewährleistet die direkte operative und prozessuale Vernetzung über Unternehmens- und Branchengrenzen hinweg. Umgekehrt ermöglichen interoperable Strukturen und Schnittstellen sowohl Herstellern als auch Kunden die unbeschränkte Teilhabe an digitalen Wertschöpfungsnetzen und damit schließlich die Gestaltung neuer Geschäftsmodelle.«

Das verlangt deutlich mehr Offenheit als bisher, und vor allen Dingen erfordert dies auch ein Handeln auf Augenhöhe. Das gilt vor allem für das Verhältnis zwischen OEMs und Tier-1-Suppliern, die immer noch allzu oft durch ein hierarchisches Auftraggeber-Auftragnehmer-Verhältnis gekennzeichnet sind. Hier besteht also dringender Handlungsbedarf hinsichtlich des Umgangs miteinander, denn das Konzept Industrie 4.0 kann nur in einer engen und möglichst hierarchiefreien Zusammenarbeit von Unternehmen erfolgreich weiterentwickelt und genutzt werden.

In diese Richtung zielt auch die vierte Herausforderung, nämlich die Umsetzung von agilen Managementkonzepten mit einer höheren Ressourceneffizienz und einer noch ausgeprägteren Innovationsfähigkeit. Sie verlangt neue Kompetenzen insbesondere auf der strukturellen und psychosozialen Ebene. Immer autonomer arbeitende Entwicklungsteams erfordern ein hohes Maß an Vertrauen, Kommunikation und Offenheit. Im Kampf um knappe Ressourcen ist es zudem wichtiger denn je, die richtigen und aussichtsreichsten Projekte auszuwählen und zielgerichtet voranzutreiben. Der Projektauswahlprozess nimmt damit eine wesentliche Rolle ein, wenn es darum geht, Ressourcen zielgerichtet und effizient einzusetzen. Holokratische Strukturen, Scrum und Design-Thinking sind beispielsweise Ansätze, um interdisziplinär innovative Höchstleistungen zu erbringen.

Und nicht zuletzt werden ein ganzheitliches Qualitätsbewusstsein und angemessene Qualitätsstandards von den von uns befragten Führungskräften als eine weitere Herausforderung gesehen. Insbesondere das Qualitätsbewusstsein hat hier so etwas wie eine Ankerfunktion, denn an den zugrundeliegenden Werten, Einstellungen und Verhaltensmustern entscheidet sich letztendlich die Zukunft eines Unternehmens – zumindest bezogen auf die Produkt- und Prozessqualität. Denn während Standards schnell verändert werden können, braucht die Weiterentwicklung des Bewusstseins der Führungskräfte und Mitarbeiter Zeit, viel Zeit. Insofern handelt es sich bei der Bewälti-

gung dieser Herausforderung – vielleicht noch mehr als bei den anderen – um eine Daueraufgabe für das (Top-)Management unserer Unternehmen. Hier gilt das Sprichwort: Wer im Strom nicht rudert, treibt zurück!

Die goldenen Zeiten, in denen sich Entwickler an neuen Features austoben und sich in Produkten selbstverwirklichen konnten, gehören immer mehr der Vergangenheit an. »Happy Engineering« ist einfach zu kostspielig geworden.

Die genannten Herausforderungen zeigen, dass sich die Unternehmen auch in der Zukunft mit komplexen und sich dynamisch entwickelnden Themenfeldern befassen müssen. Damit sie langfristig im Wettbewerb bestehen können, müssen neue

Lösungskonzepte und -strategien entwickelt werden. Dabei sollte besonders auf die enge Verbindung von Innovation und Qualität geachtet werden, denn in einer zielgerichteten Kooperation insbesondere dieser beiden Funktionsbereiche liegen bisher nicht (ausreichend) genutzte Potenziale, beispielsweise bei der gemeinsamen Entwicklung von Produktanforderungen und der Rückkopplung von Kundenreklamationen. Nur so kann es gelingen, den Spagat zwischen einer hohen Entwicklungsgeschwindigkeit und einem marktadäquaten Qualitätsniveau zu machen – und das dauerhaft und ohne zu erlahmen.

Wie gehen Sie mit diesen und anderen Herausforderungen um?

Sehen wir im Unternehmen die gleichen Herausforderungen? Gibt es noch andere, vielleicht sogar wichtigere Herausforderungen für mein Unternehmen?

Bitte machen Sie sich ein paar Notizen, in denen Sie festhalten, welche wichtigen Herausforderungen Sie für Ihr Unternehmen sehen und wie Sie mit diesen Herausforderungen umgehen wollen.

DIESE HERAUSFORDERUNGEN SEHE ICH FÜR MEIN UNTERNEHMEN:

_____

_____

_____

_____

_____

_____

_____

_____

_____

_____

_____

_____

_____

SO WERDE ICH MIT DIESEN HERAUSFORDERUNGEN UMGEHEN:

_____

_____

_____

_____

_____

_____

_____

_____

_____

_____

_____

_____

_____

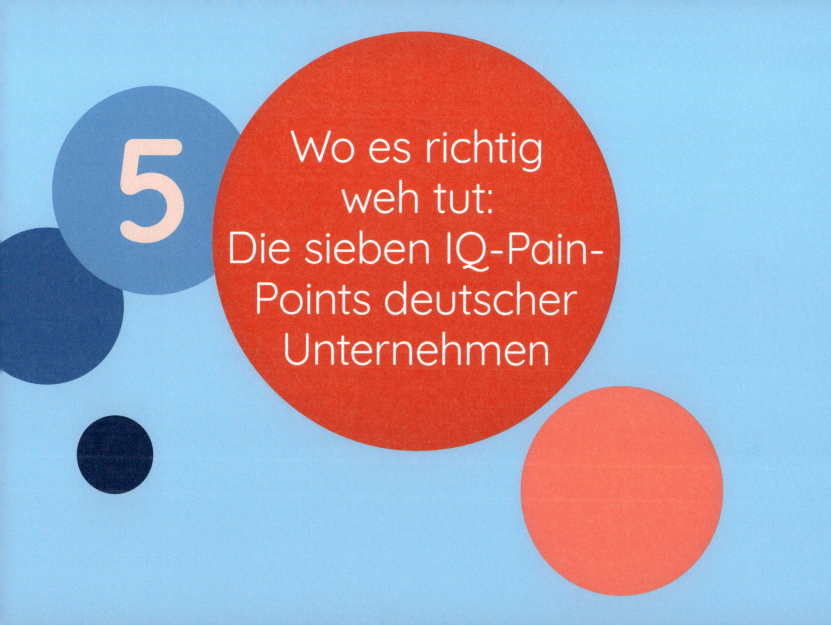

5

Wo es richtig
weh tut:
Die sieben IQ-Pain-
Points deutscher
Unternehmen

D ie Herausforderungen für die Innovations- und Qualitätsfunktion machen deutlich, dass ein Zusammenwachsen der beiden Funktionsbereiche in Zukunft immer wichtiger wird. Was sind nun die wesentlichen Pain Points deutscher Unternehmen? Wo tut es in Sachen IQ besonders weh? Was erschwert die Zusammenarbeit von Innovations- und Qualitätsfunktion? Warum ist die Bedeutung von IQ noch nicht in der Fläche der Unternehmen angekommen? An welchen Stellen können die Unternehmen ansetzen, um die Kooperation zwischen den beiden Funktionen grundlegend und nachhaltig wirksam zu verbessern?

Im Rahmen unserer IQ-Studie fanden sich sieben IQ-Pain-Points, die wir hinsichtlich ihrer Auswirkungen auf die Wirksamkeit der Zusammenarbeit zwischen der Innovations- und der Qualitätsfunktion näher charakterisieren können. Auf Basis umfassender statistischer und qualitativer Analysen konnten wir eindeutige und praxisnahe Handlungsempfehlungen ableiten, die Unternehmen darin unterstützen können, die richtigen Schritte auf dem Weg zur IQ-Exzellenz zu gehen.

5.1 Pain Point 1: Ziehen am gleichen Strang – aber in unterschiedliche Richtungen!

Haben Sie sich schon einmal gefragt, ob in Ihrem Unternehmen alle Führungskräfte und Mitarbeiter unter den Begriffen »Innovation« und »Qualität« wirklich das Gleiche verstehen – selbst dann, wenn es entsprechende Definitionen in Firmenpapieren gibt? Wir können Ihnen aus unserer Erfahrung in zahlreichen IQ-Workshops versichern, dass dies eher die Ausnahme als die Regel ist. Meistens erhielten wir von den Teilnehmerinnen und Teilnehmern mehr oder weniger unterschiedliche Sichtweisen, was die beiden Begriffe inhaltlich aussagen und wie sie zu interpretieren sind. Jetzt könnte man sagen: Na und? Doch ganz so trivial und vernachlässigbar ist dieser Sachverhalt nicht.

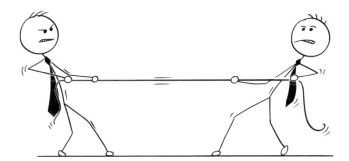

Eine gelungene Kooperation zwischen den Bereichen Innovation und Qualität auf der Grundlage einer klaren und einheitlichen IQ-Orientierung der Mitarbeiter eines Unternehmens setzt zunächst einmal ein gemeinsames und übereinstimmendes Begriffsverständnis voraus. In unserer IQ-Studie mussten wir analog zu unseren Workshop-Erfahrungen feststellen, dass dies bezüglich des Innovationsbegriffs nur in etwas mehr als die Hälfte der Unternehmen der Fall ist (Bild 5.1). Dadurch kann es zu entscheidungs- und handlungsrelevanten Missverständnissen kommen, beispielsweise dann, wenn unklar ist, ob unter einer Innovation lediglich eine marktreife Idee oder die wirtschaftlich erfolgreiche Umsetzung der Idee im Zielmarkt verstanden wird.

Beim Qualitätsbegriff sieht es deutlich besser aus: Hier geben knapp 80 Prozent der Befragten an, eine unternehmenseinheitliche Begriffsdefinition zu haben. Auf der anderen Seite heißt das allerdings auch, dass immerhin noch rund ein Fünftel der befragten Unternehmen auch nach inzwischen jahrzehntelanger Auseinandersetzung mit Qualitätsthemen noch immer keine gemeinsame begriffliche Basis gefunden hat. Was das für das Qualitätsverständnis und insbesondere das Qualitätsbewusstsein bedeuten kann, können Sie im Buch »Qualitätsbewusstsein schaffen« nachlesen, das ebenfalls im Hanser Verlag erschienen ist.

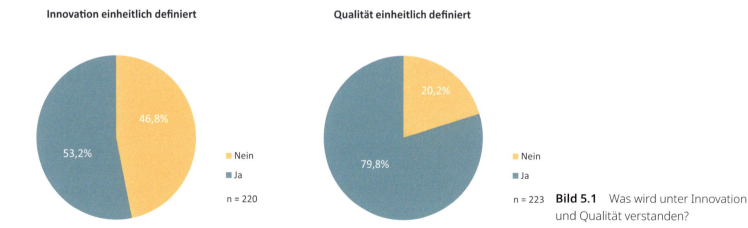

Innovation einheitlich definiert

46,8%

53,2%

■ Nein
■ Ja

n = 220

Qualität einheitlich definiert

20,2%

79,8%

■ Nein
■ Ja

n = 223   **Bild 5.1** Was wird unter Innovation und Qualität verstanden?

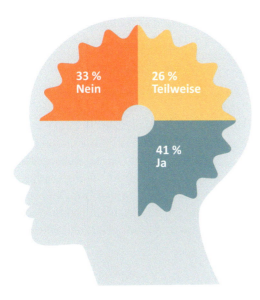

33 %
Nein

26 %
Teilweise

41 %
Ja

ternehmen begrifflich unscharf sind, obwohl man sich deren Bedeutung bewusst ist. Wie kann das eigentlich sein?

Ohne unternehmenseinheitlich definierte und kommunizierte IQ-Begriffe fehlt die Grundlage für ein gemeinsames IQ-Verständnis.

Aber warum fällt es den Unternehmen oftmals so schwer, ein einheitliches Verständnis in Sachen Innovation und Qualität zu schaffen? – Die Gründe hierfür können ebenso zahlreich wie vielfältig sein. Die wichtigsten Faktoren konnten wir in unserer IQ-Studie identifizieren (Bild 5.2).

An erster Stelle steht die schon angesprochene unklare, uneinheitliche und oft auch inhaltlich unzureichende Definition der Begriffe »Innovation« und »Qualität«. So gibt es Unternehmen, in denen die unterschiedlichsten Definitionen im Umlauf sind. Je nach Hierarchieebene oder Geschäftsbereich wird dann unter ein und demselben Begriff etwas völlig anderes verstanden. Im schlechtesten Fall fehlt es in den Unternehmen sogar gänzlich an einer klaren begrifflichen Definition. Auch eine unzureichende Kommunikation und ein mangelhaftes Führungsverhalten können Gründe für ein uneinheitliches Verständnis sein. Wenn Führungskräfte falsche Anreize setzen, ihrer Vorbildrolle nicht nachkommen oder persönliche Unstimmigkeiten gegenüber dem anderen Funktionsverantwortlichen vorliegen, dann werden nicht selten unsichtbare Mauern auf-

Damit gibt es beim Verständnis von Innovation und Qualität noch einen erheblichen Handlungsbedarf, denn in nur 41 Prozent der Unternehmen besteht ein unternehmensweit übereinstimmendes IQ-Verständnis, während dies in etwas mehr als einem Viertel nur teilweise und in rund einem Drittel der Unternehmen überhaupt nicht der Fall ist. Dies ist umso bedenklicher, als 75 Prozent der befragten Unternehmen mitgeteilt haben, dass sowohl Innovation als auch Qualität einen hohen Stellenwert in ihren Unternehmen besitzen. Das bedeutet also in der Summe, dass zwei zentrale Erfolgsfaktoren in vielen Ungebaut, die ein gegenseitiges Verständnis und damit eine gemeinsame und vertrauensvolle Zusammenarbeit verhindern. Weitere Gründe können auch in einer unzureichenden strategischen Positionierung sowie in unterschiedlichen Bereichsinteressen liegen, die schnell zur Ausbildung von Bereichsegoismen führen können und damit eine zielgerichtete Zusammenarbeit verhindern oder zumindest erschweren.

Wenn einheitliche Begriffe fehlen und sich kein einheitliches Verständnis von Innovation und Qualität entwickelt, dann verwundert es nicht, wenn es auch an einem bereichsübergreifenden IQ-Bewusstsein mangelt (Bild 5.3). Das sind bedenkliche Zahlen, denn ohne ein solches Bewusstsein sind sich die handelnden Personen eben gerade nicht bewusst, worum es sich

bei den Themen Innovation und Qualität im Kern handelt, welche Bedeutung diese Themen für ihr Unternehmen haben und warum es wichtig ist, gerade hier übereinstimmend zu Denken und zu Handeln. Greift man auf den lateinischen Ursprung des Begriffs »Bewusstsein« zurück (lat. *conscientia*), dann meinte man ursprünglich eher das Gewissen. Wenn die Akteure im Innovations- und Qualitätsmanagement bei Entscheidungen und Auseinandersetzungen jedoch kein gemeinsames Gewissen haben, dann sind Missverständnissen, Bereichsegoismen, unproduktiven Konflikten und der daraus häufig resultierenden Suche nach Schuldigen Tür und Tor geöffnet. Das steigert jedoch weder die Qualität der Leistungen und Produkte noch erhöht es deren Innovationsgrad und Wettbewerbsfähigkeit.

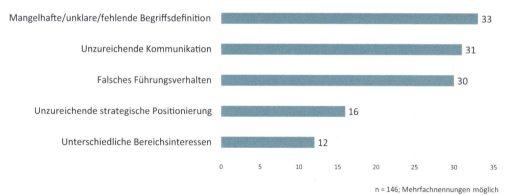

Mangelhafte/unklare/fehlende Begriffsdefinition — 33
Unzureichende Kommunikation — 31
Falsches Führungsverhalten — 30
Unzureichende strategische Positionierung — 16
Unterschiedliche Bereichsinteressen — 12

0   5   10   15   20   25   30   35

n = 146; Mehrfachnennungen möglich

Bild 5.2 Was sind die Gründe für ein fehlendes gemeinsames IQ-Verständnis?

Gibt es in Ihrem Unternehmen ein bereichsübergreifendes IQ-Bewusstsein?

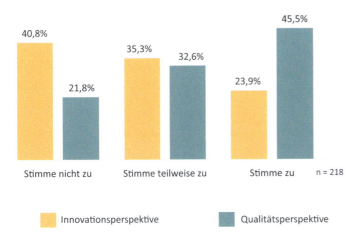

40,8%

21,8%

35,3%

32,6%

45,5%

23,9%

Stimme nicht zu   Stimme teilweise zu   Stimme zu   n = 218

Innovationsperspektive   Qualitätsperspektive

Bild 5.3   Häufig fehlt es an einem bereichsübergreifenden IQ-Bewusstsein.

Ohne ein gemeinsames IQ-Verständnis kann sich kein einheitliches und bereichsübergreifendes IQ-Bewusstsein entwickeln!

Das Äpfel-und-Birnen-Experiment

Reden Sie und Ihre Kollegen beim Thema »I & Q« über das Gleiche – und haben Sie auch ein entsprechendes IQ-Bewusstsein? Machen Sie doch einmal gemeinsam mit einem Kollegen oder einer Kollegin aus dem Innovations- oder dem Qualitätsbereich einen kleinen Selbstversuch in zwei Runden.

▶ Runde 1:

Schreiben Sie dazu in jeweils einem Satz die Ihnen bekannte und in Ihrem Unternehmen gültige Definition von Innovation und Qualität auf. Notieren Sie zusätzlich in der vorbereiteten Rangliste diejenigen Schlagwörter/Begriffe, die im Unternehmen immer dann fallen, wenn von Qualität bzw. Innovation die Rede ist. Überlegen Sie danach, ob es ein einheitliches IQ-Verständnis und daraus resultierend ein bereichsübergreifendes IQ-Bewusstsein in Ihrem Unternehmen gibt und was die jeweiligen Gründe dafür sind. Am Ende überlegen und notieren Sie bitte, welche Konsequenzen sich in Ihrem Arbeitsalltag daraus ergeben.

▶ Runde 2:

Wenn Sie mit der Runde 1 fertig sind, gehen Sie zu einer Kollegin/einem Kollegen aus dem jeweils anderen Funktionsbereich und bitten Sie sie/ihn, dasselbe auf der nachfolgenden Seite zu tun, ohne vorher Ihre Notizen zu lesen (Runde 2). Dann vergleichen Sie die Ergebnisse der beiden Runden miteinander. Ob Sie wohl zu den gleichen Ergebnissen gekommen sind? – Lassen Sie sich überraschen und vergessen Sie gegebenenfalls nicht: Aller Anfang ist zwar schwer, aber allem Anfang wohnt auch ein Zauber inne. Nutzen Sie diesen Zauber also für eine (noch) bessere IQ-Performance!

Runde 1

INNOVATION IST IN UNSEREM UNTERNEHMEN WIE FOLGT DEFINIERT:

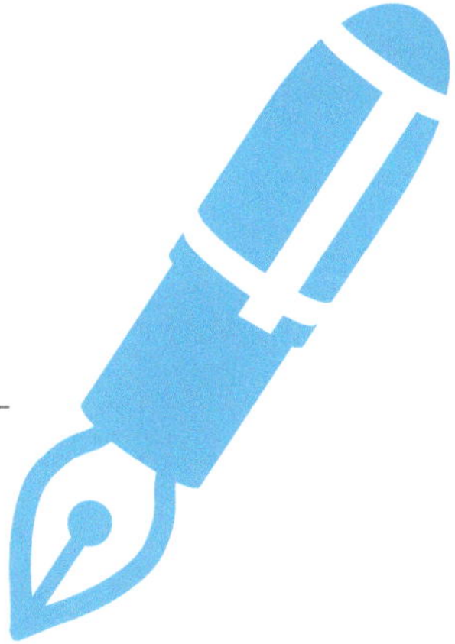

_____

_____

_____

Diese Schlagwörter/Begriffe fallen regelmäßig, wenn wir über **Innovation** sprechen:

Schlagwort 1: _____

Schlagwort 2: _____

Schlagwort 3: _____

QUALITÄT IST IN UNSEREM UNTERNEHMEN WIE FOLGT DEFINIERT:

_____

_____

_____

Diese Schlagwörter fallen regelmäßig, wenn wir über **Qualität** sprechen:

Schlagwort 1: _____

Schlagwort 2: _____

Schlagwort 3: _____

Wir haben ein einheitliches Innovationsverständnis. ☐ Ja ☐ Nein

Wir haben ein einheitliches Qualitätsverständnis. ☐ Ja ☐ Nein

DARAN LIEGT ES, DASS WIR **EIN/KEIN EINHEITLICHES IQ-VERSTÄNDNIS** HABEN:

_____

_____

_____

Wir haben ein einheitliches Innovationsbewusstsein ☐ Ja ☐ Nein

Wir haben ein einheitliches Qualitätsbewusstsein ☐ Ja ☐ Nein

DARAN LIEGT ES, DASS WIR **EIN/KEIN EINHEITLICHES IQ-BEWUSSTSEIN** HABEN:

_____

_____

_____

DAS SIND **DIE KONSEQUENZEN**, DIE SICH IN MEINEM ARBEITSALLTAG DARAUS ERGEBEN:

Wo es richtig weh tut: Die sieben IQ-Pain-Points deutscher Unternehmen

Runde 2

INNOVATION IST IN UNSEREM UNTERNEHMEN WIE FOLGT DEFINIERT:

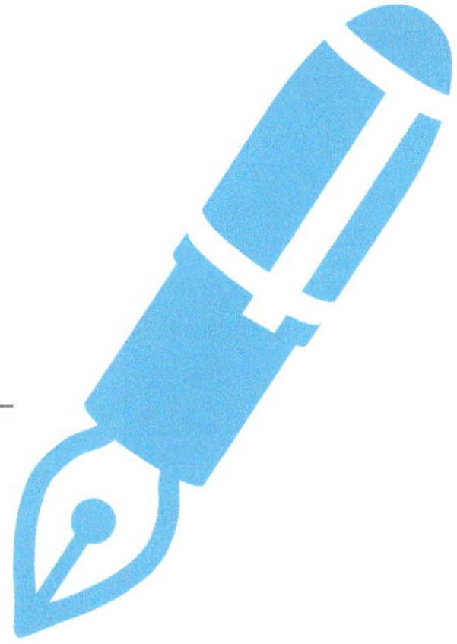

_____

_____

_____

Diese Schlagwörter fallen regelmäßig, wenn wir über **Innovation** sprechen:

Schlagwort 1: _____

Schlagwort 2: _____

Schlagwort 3: _____

QUALITÄT IST IN UNSEREM UNTERNEHMEN WIE FOLGT DEFINIERT:

_____

_____

_____

Diese Schlagwörter fallen regelmäßig, wenn wir über **Qualität** sprechen:

Schlagwort 1: _____

Schlagwort 2: _____

Schlagwort 3: _____

Wir haben ein einheitliches Innovationsverständnis   ☐ Ja   ☐ Nein

Wir haben ein einheitliches Qualitätsverständnis   ☐ Ja   ☐ Nein

DARAN LIEGT ES, DASS WIR **EIN/KEIN EINHEITLICHES IQ-VERSTÄNDNIS** HABEN:

_____

_____

_____

Wir haben ein einheitliches Innovationsbewusstsein   ☐ Ja   ☐ Nein

Wir haben ein einheitliches Qualitätsbewusstsein   ☐ Ja   ☐ Nein

DARAN LIEGT ES, DASS WIR **EIN/KEIN EINHEITLICHES IQ-BEWUSSTSEIN** HABEN:

_____

_____

_____

DAS SIND DIE **KONSEQUENZEN**, DIE SICH IN MEINEM ARBEITSALLTAG DARAUS ERGEBEN:

_____

_____

_____

_____

_____

_____

_____

_____

_____

_____

_____

Vergleichen Sie nun gemeinsam Ihrer beider Notizen und kommen Sie dabei ins Gespräch über die Gemeinsamkeiten und Unterschiede in Ihrem Erleben von Innovation und Qualität.

Haben Sie nach diesem kleinen Experiment das Gefühl, dass einer von Ihnen beiden über Äpfel und der andere über Birnen spricht, wenn Sie in Ihrem Unternehmen miteinander über Innovation und Qualität reden? Falls ja, können Sie sich gemeinsam zum Beispiel mit den folgenden Fragen auseinandersetzen:

▶ Wie können wir die Definitionen von »Innovation« und »Qualität« in unserem Unternehmen schärfen?

▶ Wie gelingt es uns, ein klareres gemeinsames Verständnis zu schaffen?

▶ Wie können wir dieses Verständnis im Bewusstsein unserer Kolleginnen und Kollegen verankern?

▶ Wen müssen wir gewinnen, damit wir unsere Ideen erfolgreich umsetzen können?

▶ Wo erwarten wir auf diesem Weg *Quick Wins*, die uns helfen, zielgerichtet weiter voranzuschreiten und andere Kolleginnen und Kollegen zum Mitmachen zu motivieren?

Sie können das Äpfel-und-Birnen-Experiment auch in einer größeren Runde durchführen, zum Beispiel in einem Führungskräfte-Workshop zum Thema »Innovation und Qualität«. Am besten benennen Sie dazu einen neutralen Moderator (zum Beispiel aus dem Personalbereich), denn es kann schnell zu intensiven Diskussionen kommen – und deren Potenzial sollten Sie nutzen, damit das Thema »Innovation und Qualität« auch in Ihrem Unternehmen (noch) mehr Fahrt aufnimmt.

5.2 Pain Point 2: Strategische Lücken verhindern Top-Ergebnisse!

Kommen wir zum Schmerzpunkt Nummer 2 und damit zur nächsten wichtigen Frage: Gibt es in Ihrem Unternehmen eine schlüssige und abgestimmte IQ-Strategie, die dafür sorgt, dass Ihre wertvollen Unternehmensressourcen langfristig zielgerichtet und ergebniswirksam eingesetzt werden und dabei Verschwendung durch unabgestimmte Entscheidungen und unkoordiniertes Handeln vermieden wird? Oder sind Ihre strategischen und ggf. auch Ihre operativen Innovations- und Qualitätsziele und Maßnahmen so weit voneinander entfernt, dass Sie sich manchmal selber fragen, ob und wie Sie diese beiden wichtigen Erfolgsfaktoren jemals zusammenbringen werden, um Synergien zu erreichen?

In unserer IQ-Studie haben wir festgestellt, dass über die Hälfte der befragten Unternehmen keine verabschiedete Innovationsstrategie hat. In immerhin rund einem Drittel fehlt eine Qualitätsstrategie, und in rund 15 Prozent sind diese Strategien nur teilweise vorhanden. Damit gibt es in (zu) vielen Unternehmen keine klare Orientierung und keine nachhaltige Ausrichtung auf Innovation und Qualität. Besonders erschreckend war für uns als Wissenschaftler und Praktiker, dass nur zwei Prozent (!) der Unternehmen eine vollständige integrierte Innovations- und Qualitätsstrategie vorzuweisen haben und damit die Synergiepotenziale der Zusammenbindung beider Strategien systematisch nutzen. Demgegenüber sind die Innovations- und die Qualitätsstrategie in rund einem Drittel derjenigen Unterneh-

men, die überhaupt solche Strategien haben, voneinander unabhängige Teilstrategien (Bild 5.4). Es ist naheliegend, dass das bei den Mitarbeitern, aber auch bei den Kunden und anderen Stakeholdern mehr als ein Fragezeichen aufwirft.

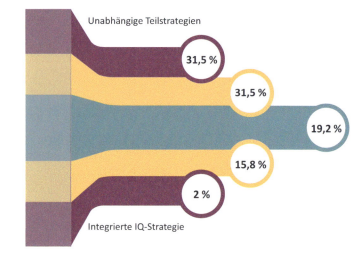

Bild 5.4 Innovations- und Qualitätsstrategien sind meistens unabhängig voneinander.

Denn Strategien dienen der langfristigen Ausrichtung von Unternehmen und entscheiden über den Einsatz von deren knappen finanziellen, materiellen und personellen Ressourcen. Sie beschreiben gewissermaßen den »Weg zum Ziel« und haben damit eine Orientierungsfunktion. Mindestens genauso wichtig ist jedoch ihre Koordinationsfunktion, denn sie verbinden die unterschiedlichen Kompetenzen und Sichtweisen der verschiedenen Funktionsbereiche miteinander und integrieren sie in einer übergeordneten Unternehmensstrategie (»*overall strategy of the company*«). Wenn das im Strategieentwicklungsprozess richtig und gut gemacht wird, lassen sich in der Umsetzungsphase der Strategie Ressourcenkonflikte ebenso vermeiden oder zumindest reduzieren wie persönliche Auseinandersetzungen der oberen Führungskräfte. Gerade wenn es um Innovation und Qualität als die beiden hochrelevanten Zukunftsfaktoren geht, sollte eine klar formulierte und integrierte IQ-Strategie eine zwingende Voraussetzung für alle operativen Aktivitäten sein – und dann sollten die strategischen Ziele und Maßnahmen auch noch tatsächlich realisiert werden!

Wirklich umgesetzt wurden die Strategien in den Unternehmen unserer Studie dann aber in noch weniger Unternehmen, wie Bild 5.5 zeigt. So stimmten nur 28,5 Prozent der Befragten der Aussage zu, dass die Innovationsstrategie konsequent umgesetzt wird; bei der Qualitätsstrategie sah dies mit 38,8 Prozent auch nicht wesentlich besser aus. Das bedeutet, dass selbst die Unternehmen, die eine verabschiedete und kommunizierte Strategie haben, diese vielfach nicht oder nur teilweise realisieren. Hier besteht also ebenfalls eine Lücke, dieses Mal zwischen Planung einerseits und Umsetzung andererseits. Da fragen wir uns, wieso sich diese Unternehmen dann überhaupt die Mühe machen, einen Strategieprozess zu durchlaufen – wie umfassend oder bruchstückhaft dieser auch im Einzelfall gewesen sein mag. Dass viele Unternehmen nicht konsequent genug handeln oder die Chancen einer strategischen Ausrichtung von Zielen und Maßnahmen schlichtweg völlig ausblenden, zeigt auch die Tatsache, dass gerade im Innovationsbereich die Erreichung der strategischen Ziele eher selten regelmäßig gemessen wird. Das heißt, es werden Ziele formuliert, hoffentlich inhaltlich abgestimmt, vielleicht sogar gewichtet und nach Präferenzen geordnet ... und dann spielen diese Ziele genauso wenig eine Rolle wie die erzielten tatsächlichen Ergebnisse. Da fällt uns der alte Satz aus der betriebswirtschaftlichen Planungslehre ein: »Planung ohne Kontrolle ist sinnlos. – Kontrolle ohne Planung ist unmöglich.« Da hoffen wir für Sie, dass dies in Ihrem Unternehmen anders ist, und es stellt sich generell die Frage, ob sich Unternehmen künftig derartige strategische Lücken noch leisten können. Wir glauben, Sie kennen die Antwort bereits.

Umsetzung von Strategien zu Innovation und Qualität

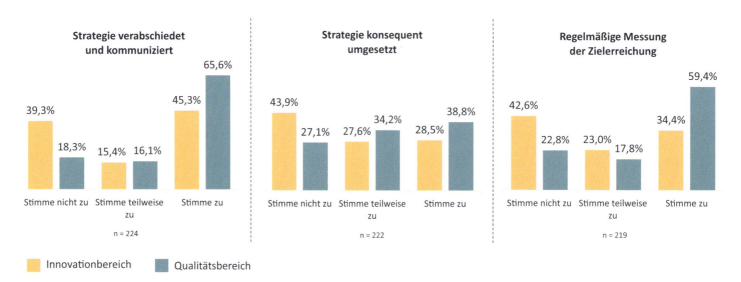

Strategie verabschiedet und kommuniziert

39,3% · 18,3% · 15,4% · 16,1% · 45,3% · 65,6%

Stimme nicht zu · Stimme teilweise zu · Stimme zu

n = 224

Strategie konsequent umgesetzt

43,9% · 27,1% · 27,6% · 34,2% · 28,5% · 38,8%

Stimme nicht zu · Stimme teilweise zu · Stimme zu

n = 222

Regelmäßige Messung der Zielerreichung

42,6% · 22,8% · 23,0% · 17,8% · 34,4% · 59,4%

Stimme nicht zu · Stimme teilweise zu · Stimme zu

n = 219

■ Innovationbereich   ■ Qualitätsbereich

Bild 5.5 Wie gehen Unternehmen IQ-strategisch vor?

Ein höherer Abstimmungsgrad ist das »A und O«

Angesichts der Bedeutung und der wechselseitigen Beziehungen und Abhängigkeiten, wie sie das Kausalmodell (Bild 3.1) zeigt, ist es sinnvoll, dass mögliche Zielkonflikte zwischen der Innovations- und der Qualitätsfunktion frühzeitig identifi-ziert, adressiert und wenn möglich aufgelöst werden. So widersprechen sich zum Beispiel der Anspruch eines Nullfeh-ler-Ziels aus Qualitätssicht und die mit einem Trial-and-Error-Prozess verbundene Experimentierfreude aus Innovations-sicht. Eine abgestimmte Strategie mit gemeinsam erarbeiteten, abgestimmten und kommunizierten Zielen kann mögliche

Konflikte vermeiden oder in einem kreativen Zielbildungsprozess vielleicht sogar neue strategische Horizonte erschließen. Ein gewisser Grad an Reibung und konstruktiven Konflikten ist dabei etwas Positives, denn so entstehen oftmals bessere Lösungen und Ergebnisse. Wichtig dabei ist jedoch, dass die beteiligten Personen ein gemeinsames Grundverständnis und ein gemeinsames Ziel vor Augen haben. Das ermöglicht es beispielsweise, bei einer Neuproduktentwicklung von Beginn an klar und transparent festzulegen, welchen Stellenwert die Produktqualität und welchen Stellenwert der Innovationsgrad einnimmt.

So lassen sich Probleme vermeiden, die beispielsweise aus zu eng gesetzten Time-to-Market-Zielen mit einem bewusst reduzierten Anspruch an das Niveau der Produktqualität resultieren. Wir kennen hier etliche Unternehmen, die ihre neuen Hauptumsatzträger schnellstmöglich und jedenfalls rechtzeitig zum nächsten Messetermin präsentieren und verkaufen wollten. In einigen Fällen gelang dies auch. Allerdings gab es mehr als einmal derart gravierende Qualitätsprobleme, dass schließlich fast die Hälfte der verkauften neuen Produkte wieder zurückgenommen werden musste – mit entsprechend hohen Kosten und einem erheblichen Imageverlust.

Wenn Sie sich intensiver mit der strategischen Lücke und deren Beseitigung in Ihrem Unternehmen auseinandersetzen wollen, helfen Ihnen die Anregungen, welche die Qualitäts- und Innovationsverantwortlichen in unserer Befragung gegeben und die wir mit unseren Erfahrungen ergänzt haben:

▶ Formulieren Sie in einem systematischen Prozess Ihre Innovations- und Qualitätsstrategie mit strategischen Zielen, strategischen Maßnahmen, Planungszeiträumen und Umsetzungsverantwortlichen.

▶ Stimmen Sie die Teilstrategien möglichst umfassend und präzise aufeinander ab und achten Sie dabei auf mögliche Ziel- und Ressourcenkonflikte.

▶ Nutzen Sie dabei mögliche Unstimmigkeiten als Chance zur Strategieoptimierung, denn ein divergentes Denken ist in der Planungsphase erlaubt; in der Realisierungsphase ist ein divergentes Handeln dagegen für eine optimale Zielerreichung äußerst nachteilig.

Beispiel 1:
Vintage Design mit Tropfgarantie –
Eine seltsame Produktstrategie

Es ist das wöchentliche Jour fixe des Produktmanagements eines namhaften Herstellers für Haushalts-, Gastronomie- und Hotelleriewaren. Es geht um eine neue Produktlinie innerhalb der Isolierkannensparte. Ein neues und schickes Design im trendigen Vintage Style soll es werden, Kannen für den Premiumsektor – Zielpreis dreistellig.

Alle entscheidenden Akteure sitzen um den runden Besprechungstisch. Marketing und Vertrieb, die Designabteilung, das Produktmanagement und der Einkauf. Die Spezifikation der Kanne sei ja klar, so der Vertriebsverantwortliche: »Eine schicke

Isolierkanne, die man bei einem festlichen Anlass auch mal auf den schön gedeckten Tisch stellen kann.« Design zahlt sich aus, denn dann sind auch in der Preisgestaltung deutlich höhere Preise möglich. Eigentlich kann ja nichts schieflaufen. Die Kannen werden zudem mit dem altbewährten Glaskolbeneinsatz ausgestattet. Das Weihnachtsgeschäft soll in diesem Jahr unbedingt als Initialzünder für die neue Produktlinie genutzt werden. Der Produktentwicklungsprozess soll durch den Einsatz von bereits gut etablierten Materialien und gut eingespielten Lieferanten beschleunigt werden. »Lange und aufwendige Quality-Stage-Gates benötigen wir für das Design nicht«, so das Produktmanagement. Das Qualitätsmanagement kann dem nicht widersprechen – es darf an diesem Jour fixe wie immer nicht teilnehmen.

Im November ist es dann schließlich soweit: Das Produktmarketing sorgt für einen reibungslosen Verkaufsstart. Die Absatzzahlen entwickeln sich unglaublich gut – das zeitlose und anmutig wirkende Vintage Design und die kupferfarbene Außenbeschichtung der Kanne ist ein förmlicher Verkaufsmagnet. Doch nach einigen Wochen laufen die Reklamationen der neuen Produktlinie »Vintage« in der Kunden-Hotline nach oben. Es wird von tropfenden Kannen berichtet. Auch auf Verkaufsplattformen häufen sich Rezensionen, in denen sich die Käufer teilweise sehr negativ über das Ausgießverhalten der Kannen äußern und von einem Kauf abraten. »Der komplette Esstisch war unter Tee gesetzt.« »Es ist unmöglich, eine Tasse Kaffee aus der Kanne einzuschenken, ohne dass man alles volltropft.« »Tolles Design, aber tropft und die Beschichtung löst sich auch bereits ab. Da habe ich etwas Anderes erwartet, vor allem bei diesem Preis.« Das sind nur einige Beispiele der negativen Kundenrückmeldungen. Der Kundensupport wird daraufhin geschult, mit den sich beschwerenden Kunden am Telefon einige Problemlösungen durchzuspielen. So werden dem Anrufer Schritt für Schritt Anweisungen gegeben wie man die Dichtungen im Verschluss auf technische Defekte untersucht, um unnötige Rücklieferungen zu vermeiden. Doch dies nutzt nichts, denn der Fehler liegt im Design der Ausgusslippe, die ein präzises und tropfsicheres Ausgießen schlichtweg unmöglich macht. Auf eine kulante Rücknahme und eine Rückerstattung des Kaufpreises will man sich im Unternehmen nicht einlassen. So steht nun in so manchem Haushalt eine Designerkanne auf dem Tisch, die unter der Ausgusslippe ein stylisches, mit einem Gummiband befestigtes Küchenpapier als Tropfschutz ziert. Ob das so gedacht war und ob das die Wiederkaufrate und das Unternehmensimage fördert?

Dies ist ein weiteres Beispiel dafür, wie wichtig es ist, die Qualitätsfunktion nicht außer Acht zu lassen, auch dann nicht, wenn es um eine scheinbar triviale Weiterentwicklung eines etablierten Produkts geht. Eine gemeinsame IQ-Strategie, die eine ständige Kooperation der Innovations- und der Qualitätsfunktion sicherstellt, hätte den verantwortlichen Akteuren eine klare Orientierung gegeben und dafür gesorgt, dass alle relevanten Ressorts im Jour-fixe-Termin vertreten gewesen wären. Stattdessen

folgte man der Bereichsstrategie aus dem Produktdesign. »Quality follows Design« ist jedoch kein geeignetes Vorgehen für Unternehmen mit höchsten Qualitätsansprüchen im Premiumsektor. Insofern hätte man die bitteren Erfahrungen durch eine geeignete Strategie und deren konsequente Umsetzung auch im operativen Geschäft vermeiden können.

5.3 Pain Point 3: Fehlende Energie durch Reibungsverluste an den Schnittstellen!

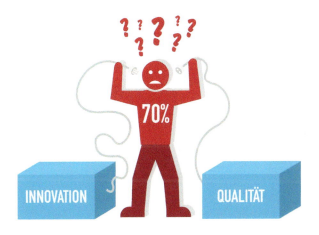

Rund 70 Prozent der Unternehmen haben keine eindeutig geregelten Schnittstellen zwischen der Innovations- und der Qualitätsfunktion. Knapp zwei Drittel der von uns befragten Manager schildern Probleme in der Kommunikation und der Zusammenarbeit der beiden Bereiche.

Das sogenannte »Silodenken« sollte längst der Vergangenheit angehören. Das tut es aber nicht! Vielmehr sind in fast 70 Prozent der befragten Unternehmen die Schnittstellen zwischen der Innovations- und der Qualitätsfunktion immer noch nicht ausreichend klar geregelt. So verwundert es nicht, dass fast zwei Drittel der Befragten angegeben haben, die Zusammenarbeit zwischen den beiden Ressorts verlaufe nicht immer konstruktiv (Bild 5.6).

Wir wissen nicht, wie es Ihnen geht. Aber uns hat es nicht überrascht, dass die befragten Führungskräfte häufig von Bereichsegoismen berichtet haben, die an das Sankt-Florians-Prinzip erinnerten (»Heiliger Sankt Florian, verschon mein Haus, zünd' andere an«). Dabei geht es häufig nicht um eine konsensorientierte und auf gemeinsame Ziele gerichtete Vorgehensweise, sondern um Vorteile für den eigenen Verantwortungsbereich. Fällt ein »heißer Ball« in den eigenen Garten, wird dieser gerne möglichst unauffällig weitergespielt oder es wird auf die Suche nach Schuldigen gegangen. Das betrifft grundsätzlich alle Unternehmensbereiche und nicht nur das Innovations- und Qualitätsmanagement. In jedem Fall entstehen so immer wieder Spannungen und Reibungsverluste, die eine ebenso effektive wie effiziente Arbeit behindern. Es fehlt hier vielfach an einer

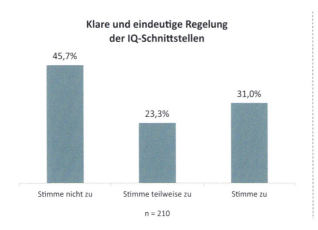

Klare und eindeutige Regelung der IQ-Schnittstellen

45,7% — Stimme nicht zu
23,3% — Stimme teilweise zu
31,0% — Stimme zu

n = 210

Immer konstruktive Zusammenarbeit zwischen den IQ-Funktionen

22,5% — Stimme nicht zu
39,2% — Stimme teilweise zu
38,3% — Stimme zu

n = 209

Bild 5.6 Handlungsbedarf an den IQ-Schnittstellen

gemeinsamen Mission und übergeordneten strategischen Zielen, durch die die unterschiedlichen Interessen zusammengeführt werden. Unklare Schnittstellen und unzureichend definierte und kommunizierte Kompetenzen schaffen so teilweise chaotische Zustände. Können sich das unsere Unternehmen angesichts der wachsenden globalen Herausforderungen gerade in unseren Tagen noch leisten? Wir meinen: NEIN!

Die Annahme seitens des Innovationsmanagements, dass die Zusammenarbeit mit dem Qualitätsmanagement nicht immer ganz einfach ist (gepflegte Vorurteile wie: QMler sind pingelig, verstehen nichts von der Produktentwicklung, stören die Kreativität usw.) mag auch einer der Gründe sein, warum die Qualitätsfunktion in den meisten Unternehmen erst relativ spät in den Innovationsprozess eingebunden wird. Bild 5.7 zeigt, dass vor allem im sogenannten »Front end« des Innovationsprozesses, also der Ideenfindungs- und -auswahlphase sowie bei der

Wirtschaftlichkeitsbetrachtung, gerne auf die Kollegen aus dem QM verzichtet wird. Hier binden nur 18 Prozent beziehungsweise 20 Prozent der befragten Unternehmen das QM in den Innovationsprozess ein. Dabei wäre es in den meisten Fällen einfach, durch eine klare und eindeutige Regelung der Prozessziele, der Prozessaufgaben und der Verantwortlichkeiten auch das QM mit seinen Kompetenzen von Anfang an zu integrieren. Mögliche Sorgen, das QM könne versuchen, den Prozess zu stark zu regulieren, zu überwachen oder zu formalisieren, ließen sich so von vornherein vermeiden. Wenn die beiden Funktionen dann noch ein gemeinsames Prozessverständnis haben, ließe sich die Prozesseffizienz wesentlich erhöhen und so die Qualität der Neuprodukte möglicherweise signifikant verbessern, ohne dass die Kreativität der Forscher und Entwickler sowie der wichtige Faktor »Time to market« darunter leiden würde.

Bild 5.7 Wann wird das Qualitätsmanagement im Innovationsprozess eingebunden?

Dabei sind nach unserer Studie und nach unseren Projekterfahrungen der Wille und das Bewusstsein für eine engere und konstruktivere Zusammenarbeit sowohl im Innovations- als auch im Qualitätsmanagement vorhanden. Ein Großteil der Studienteilnehmer wünscht sich sogar eine engere und frühzeitigere Verzahnung der Innovations- und der Qualitätsfunktion sowie die gezielte Förderung dieser Zusammenarbeit. Eng damit zusammen hängt der Wunsch nach einer verbesserten Kommunikation, die eine wichtige Voraussetzung für ein gegenseitiges Verständnis und ein koordiniertes Handeln ist, sowie eine klare Aufgaben- und Verantwortungsverteilung zwischen den Innovations- und den Qualitätsverantwortlichen (Bild 5.8).

Bild 5.8 Was sich die befragten Führungskräfte in Sachen IQ wünschen

Beispiel 2:
Eine unheilvolle Messe!

Die Planungen für die bevorstehende Leitmesse laufen bereits seit Wochen auf Hochtouren. Das mittelständische Familienunternehmen hat große Erwartungen und Hoffnungen in das kommende Event gesetzt. Die neu entwickelte und kompakte Variante eines handgeführten Elektrowerkzeugs soll dort vorgestellt werden und einschlagen wie eine Bombe: die PowerFit RX2. In diesem besonderen Nischenbereich wurden auch in der Vergangenheit gute Umsätze und Erfolge erzielt. Unter Fachleuten und Handwerkern ist das Unternehmen für seine soliden und gut funktionierenden Werkzeuge bekannt. Die Entwicklungsarbeiten sind noch in vollem Gange, und der Messetermin

rückt immer näher. Unter Hochdruck wird an der neuen Maschine gearbeitet, denn nicht nur die Geschäftsführung drängt auf die Markteinführung, auch der Inhaber persönlich setzt alles auf einen termingerechten und pünktlichen Produkt-Launch auf der Herbstmesse.

Den Entwicklungsverantwortlichen ist klar: Eine Verschiebung der Produkteinführung kommt nicht in Frage. Kurz vor der Messe leuchten die Alarmlampen nochmals tiefrot auf. Es gibt immer noch ungelöste Probleme, und die Qualitätsverantwortlichen sind alles andere als glücklich. Für einige der eigentlich notwendigen Tests zur Freigabe des neuen Produkts bleibt keine Zeit. Die Ziele der Entwicklungsabteilung sind klar: die Einführung und Vorstellung pünktlich zur diesjährigen Leitmesse. Auch wenn sich das Qualitätsmanagement sträubt, der Eigentümer und die Geschäftsführung sind zufriedenzustellen.

Und so kommt es, wie es eben kommen musste. Das neue Elektrowerkzeug wird mit Trommelwirbel auf der Messe vorgestellt, die Verkaufsglocke geläutet, und die Marketingmaschinerie wird hochgefahren. Anfangs scheinen alle zufrieden zu sein: Der Neuprodukt-Launch erfolgt pünktlich, es gibt zahlreiche Vorbestellungen und noch mehr interessierte Kunden. »Seht ihr, man muss nicht immer alles bis ins letzte Detail freiprüfen!« Diese und ähnliche Seitenhiebe können sich die Entwickler und das Qualitätsmanagement vom Eigentümer und seinen beiden Geschäftsführern anhören.

Doch am Ende kommt alles anders: Die PowerFit RX2 weist einen technischen Mangel auf, der dazu führt, dass die Maschinen bereits nach wenigen Betriebsstunden ausfallen. Damit wird sie zum Sorgenkind des Unternehmens. Die Reklamationen schießen in die Höhe. Unzählige Bestellungen werden storniert, denn unter Handwerkern und Distributoren verbreitet sich die Nachricht von der nicht funktionstauglichen RX2 wie ein Lauffeuer. Ein Vertriebsmitarbeiter des Unternehmens berichtet von zahlreichen Distributoren, die beteuern: »Künftig lässt man besser die Finger von der RX-Werkzeugsparte, das könne man sich und seinen Kunden nicht zumuten.«

Die Reklamationskosten erreichen schließlich solche Höhen, dass die Finanzabteilung auf die deutlich negative Ergebniswirkung dieses Neuprodukts hinweist – vom massiven Imageschaden einmal abgesehen. Noch heute, zwei Jahre nach dem Flop, kämpft das Unternehmen immer noch mit den Folgen der überambitioniert frühen Markteinführung.

In welche Phasen des Innovationsprozesses binden Sie die Qualitätsfunktion verantwortlich mit ein?

Bewerten Sie im Bild 5.9 für jede Prozessphase den Grad der Zusammenarbeit zwischen der Innovations- und der Qualitätsfunktion in Ihrem Unternehmen.

Verwenden Sie dazu die folgende Skala:

1 = **Keine** Zusammenarbeit

2 = **Nur fallweise** Zusammenarbeit

3 = **Immer intensive** Zusammenarbeit

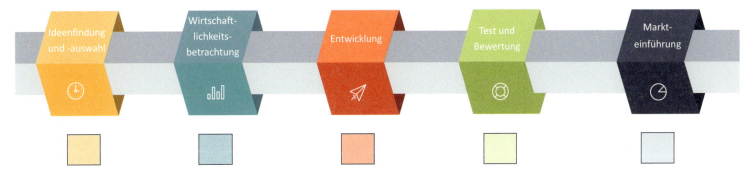

Bild 5.9   Bewertung der IQ-Zusammenarbeit im eigenen Unternehmen

Bei allen Prozessschritten, die einen Wert von 1 oder 2 aufweisen, machen Sie sich nun bitte Notizen, wie die Zusammenarbeit konkret funktioniert. Sie können sich dabei zum Beispiel an den folgenden Fragen orientieren: Warum ist die Qualitätsfunktion nicht (häufiger) eingebunden? Wie verläuft die Zusammenarbeit in der Regel auf der sachlichen und der personenbezogenen Ebene? Wo bestünde die Möglichkeit, die Zusammenarbeit gezielt zu intensivieren? Welche Gründe sprechen Ihrer Meinung nach für eine Intensivierung der Zusammenarbeit, welche Argumente sprechen eher dagegen?

SO STEHT ES AKTUELL BEI UNS UM DIE ZUSAMMENARBEIT IM INNOVATIONSPROZESS:

SO KÖNNEN WIR DIE ZUSAMMENARBEIT INTENSIVIEREN:

DAS VERSPRECHE ICH MIR VON EINER INTENSIVEREN ZUSAMMENARBEIT:

5.4 Pain Point 4: Mangelnde Orientierung durch IQ-Schlafwandler!

Führungskräfte sind Vorbilder. Das gilt für alle Managementebenen gleichermaßen, vom Vorstand bis zum Teamleiter. Sie geben ihren Mitarbeitern Orientierung und dienen ihnen in schwierigen Situationen als »Fels in der Brandung«. Sie haben den strategischen Weitblick und dabei das operative Geschäft fest im Griff. Sie führen situativ angemessen und immer von einem positiven Menschenbild geleitet. Diese idealtypische Beschreibung könnten wir gemeinsam mit Ihnen sicher noch ein paar lange Sätze so fortführen. Allerdings: Wir wissen, dass die Wirklichkeit in vielen Fällen anders aussieht. Kurz gesagt: Führungskräfte sind auch nur Menschen!

Die Art und Weise, wie Führungskräfte ihre Aufgaben wahrnehmen und ihrer Vorbildfunktion gerecht werden, ist aber im Blick auf das Thema dieses Buches ausschlaggebend dafür, ob ein unternehmensübergreifendes Bewusstsein für Innovation und Qualität entsteht. Dieses Bewusstsein ist für effiziente Prozesse und die Erzeugung exzellenter Leistungen notwendig. Den perfekten Führungsstil im Sinne eines »one best way«, wie F. W. Taylor es für die Fertigungsorganisation vor über einhundert Jahren formuliert hat, gibt es dabei nicht. Die Führung der

Mitarbeiter sowie das individuelle Führungsverhalten müssen vielmehr auf die Unternehmenskultur, die aktuelle Situation, den betreffenden Unternehmensbereich, die Aufgaben und die Mitarbeiter selbst abgestimmt sein. Auch in den verschiedenen Phasen des Innovationsprozesses hat die Wirkung des gewählten Führungsstils, je nach Phase, entsprechende Auswirkungen auf das Ergebnis. Wer in der kreativen Frühphase eines Innovationsprojekts, der sogenannten »Wolkenphase«, zu autoritär auftritt, läuft Gefahr, den Erfindergeist seiner Mitarbeiter zu unterdrücken. Ein Potenzial, auf das ein Unternehmen jedoch

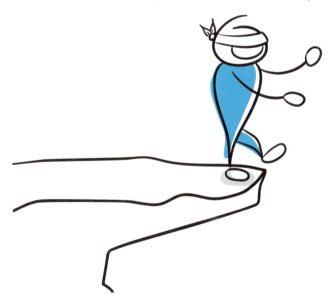

nicht verzichten sollte und kann. Wer allerdings in der späteren Umsetzungs- und Projektphase (»Bausteinphase«) zu wenig Orientierung und erforderlichenfalls klare Weisungen gibt, muss damit rechnen, dass es zu Schwierigkeiten bei der Umsetzung der innovativen Idee kommen kann.

Im Management ist das Verständnis von Innovation und Qualität zu häufig nicht klar und übereinstimmend genug. Und die Innovations- und Qualitätsverantwortung wird von den Führungskräften nicht ausreichend wahrgenommen – Vorsicht: Schlafwandler unterwegs!

Unsere IQ-Studie zeigt, dass Führungskräfte nur in etwas mehr als der Hälfte der Unternehmen ein übereinstimmendes Verständnis von Qualität haben (Bild 5.10). Beim Innovationsverständnis ist dies sogar nur rund ein Drittel. Damit stellt sich die Frage, wie die Führungskräfte eines Unternehmens eine übereinstimmende Orientierung für ihre Mitarbeiter geben sollen, wenn sie selber in Sachen Innovation und Qualität keinen tragfähigen *Esprit de Corps* entwickelt haben. Dies ist aber eine wesentliche Voraussetzung für zielgerichtet abgestimmte Maßnahmen. Damit sind in vielen Unternehmen die Voraussetzungen für mentale Misfits zwischen Innovation und Qualität

Übereinstimmendes Verständnis der Führungskräfte bezüglich Innovation und Qualität

36,9% 24,5% Stimme nicht zu

24,9% 21,3% Stimme teilweise zu

38,3% 54,3% Stimme zu

n = 217

Innovationsperspektive Qualitätsperspektive

Bild 5.10 Führungskräfte haben häufig kein übereinstimmendes IQ-Verständnis.

geschaffen, die sich dann vor allem in der Umsetzungsphase von Innovationsprojekten negativ auf den Projekterfolg auswirken können.

Was die aktive Wahrnehmung der Innovations- und Qualitätsverantwortung anbelangt, sind 64 Prozent der Befragten der Meinung, dies sei hinsichtlich Qualität der Fall, während nur rund 48 Prozent diese aktive Verantwortungswahrnehmung bei Innovationsthemen sehen (Bild 5.11). Das bedeutet, dass die Führungskräfte vor allem hinsichtlich Innovationsthemen eher eine Laissez-faire-Haltung haben. Damit geben sie ihren Mit-arbeitern keine oder mindestens keine ausreichende Orientierung und sind sozusagen schlafwandlerisch unterwegs. Gründe dafür können sein, dass das Risiko, Fehler zu begehen oder zu scheitern, im Innovationsbereich vergleichsweise höher ist. Es ist auch möglich, dass die Bedeutung von Innovationen für die Unternehmen zwar gestiegen ist, dies aber noch nicht ausreichend in der Unternehmenskultur verankert wurde. Teilweise sind die Innovationsziele und die damit verbundenen Anreize aus der Sicht der Befragten auch noch nicht in demselben Maße wie im Qualitätsbereich abgebildet. In jedem Fall besteht hier ein erheblicher Verbesserungsbedarf.

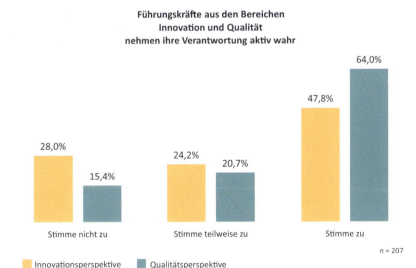

Führungskräfte aus den Bereichen Innovation und Qualität nehmen ihre Verantwortung aktiv wahr

n = 207

Innovationsperspektive Qualitätsperspektive

Bild 5.11 Führungskräfte nehmen ihre IQ-Verantwortung teilweise nicht wahr.

Wie können Mitarbeiter ein Bewusstsein für Innovation und Qualität entwickeln, wenn Führungskräfte häufig kein oder nur ein teilweise übereinstimmendes Verständnis für diese Themen aufweisen und ihre diesbezügliche Verantwortung nicht erkennbar wahrnehmen?

Das gilt auch für den so wichtigen Bereich der Führungskompetenzen (Bild 5.12). In unserer IQ-Studie hat sich gezeigt, dass die befragten Führungskräfte der Methoden- und Fachkompetenz eine ungleich größere Bedeutung beimessen als der Sozialkompetenz, zu der beispielsweise im Einzelnen die Vorbild-

funktion, die Verantwortungsbereitschaft sowie die Dialog-, die Kommunikations-, die Team- und die Durchsetzungsfähigkeit gehören. Aber gerade diese Soft Skills sind es, die im Führungsalltag eine besondere Bedeutung für den Führungserfolg haben, was insbesondere im Innovationsbereich gilt. Insofern besteht hier ein Handlungsfeld, um die Innovationsprozesse vor allem an den Schnittstellen erfolgreicher zu machen. Dazu braucht es allerdings auch hier hellwache Führungskräfte und keine Schlafwandler!

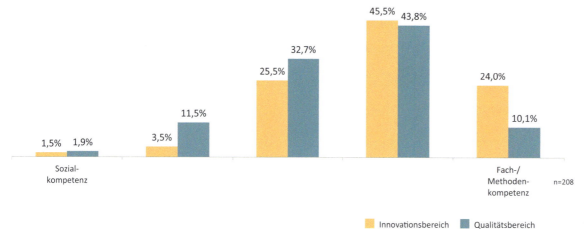

Bild 5.12 Die Soft Skills werden häufig unterschätzt.

Beispiel 3:
Qualität und Innovation? – Nicht mein Thema!

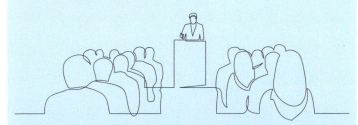

In Schwäbisch Hall gibt sich die Wirtschaftselite wieder einmal die Klinke in die Hand. Es läuft das alljährliche »Gipfeltreffen der Weltmarktführer«. Zwei Tage lang volles Programm mit aktuellen Themen aus Wirtschaft und Politik. Von großen Konzernen bis hin zu den Hidden Champions, ein bunter Blumenstrauß der deutschen Wirtschaft. In interessanten Vorträgen und Key Notes werden aktuelle Entwicklungen, Trends und Herausforderungen diskutiert. In ausgiebigen *Coffee Breaks* wird zum Networking aufgerufen. Auch wir wollen die Pausen nutzen, um mit Firmenlenkern ins Gespräch zu kommen und Interviewpartner für unsere laufende IQ-Studie zu gewinnen. Wie es der Zufall so will, geraten wir an eine soeben noch auf der Bühne stehende Geschäftsführerin und Eigentümerin eines mittelständischen Familienunternehmens. Was dann folgt, ist ein netter Smalltalk zum Vortrag und zum Gipfeltreffen. Als wir auf das Thema »Innovation und Qualität« zu sprechen kommen, erhalten wir eine freundliche und abwinkende Antwort:

»Ach wissen Sie, Innovation und Qualität, das sind nicht meine Themen.«

Wir verabschieden uns freundlich und versorgen uns noch schnell mit dem heiß begehrten Käsekuchen. Langsam wird uns klar, was wir da gerade erlebt haben. Die Geschäftsführerin eines großen mittelständischen Unternehmens erklärte uns soeben, dass sie nichts mit den wohl wichtigsten Erfolgsfaktoren ihres Unternehmens – Innovation und Qualität – zu tun hat. Ja, was bitte sind denn dann die Themen der obersten Unternehmenslenker(innen)? Wir sind immer noch ziemlich perplex. Allein der leckere Käsekuchen und ein weiterer starker Kaffee lassen uns diesen Eindruck »verdauen«, und dann geht es zurück zu den nächsten Vorträgen und Diskussionen.

Was haben wir aus dieser Situation gelernt? Offensichtlich gibt es immer noch Top-Manager(innen), die den Themen Innovation und Qualität, sagen wir es freundlich, nicht genügend Wert beimessen. Doch gerade diese beiden Erfolgsfaktoren müssen Chefsache sein! Zahlreiche globale Studien belegen, beispielsweise mit Titeln wie »The CEO is the biggest driver of innovation« (u. a. Boston Consulting 2007, Deloitte 2010), dass die Vorbildfunktion und die Unterstützung des Top-Managements wesentliche Einflussgrößen sind, um das Verhalten von Mitarbeitenden und damit auch das Innovations- und Qualitätsbewusstsein positiv zu beeinflussen und weiterzuentwickeln. Wenn diese Themen jedoch keinen Stellenwert bei den Top-Entscheidern haben, wie sollen dann die anderen Führungskräfte und deren Mitarbeiter ein Verständnis für die Bedeutung dieser beiden Faktoren entwickeln?

5.5 Pain Point 5: Fehler werden unter den Teppich gekehrt!

Die Unternehmenskultur und die darin verankerten Wertvorstellungen, Verhaltensvorschriften (Normen), Überzeugungen und Einstellungen sind eine wesentliche Einflussgröße des langfristigen Unternehmenserfolgs. Welche Bedeutung gerade die sogenannten Kulturvariablen haben, zeigte schon der 1982 erschienene Managementklassiker der beiden amerikanischen ehemaligen McKinsey-Berater Tom Peters und Robert Waterman mit dem Titel »In Search of Excellence – Lessons from America's Best-Run Companies«. Auch wenn einige der in diesem Buch beschriebenen, damals erfolgreichen Unternehmen in der Folge erhebliche Probleme bekamen, macht die Studie der beiden Autoren doch deutlich, welche Bedeutung die Soft Skills für den Unternehmenserfolg besitzen.

Bei der IQ-Kultur geht es konkret um die Frage, welche kulturellen Faktoren die Entscheidungen, Handlungen und Verhaltensweisen innerhalb eines Unternehmens bestimmen und das Zusammenwirken des Innovations- und Qualitätsbereichs im Tagesgeschäft prägen. Von besonderer Bedeutung ist dabei der Umgang mit Fehlern. Werden Fehler negiert, auf andere geschoben, versteckt oder werden Fehler bewusst wahrgenommen, angesprochen und analysiert, um sie als Grundlage für gezielte Verbesserungen zu nutzen?

Wie wichtig eine solche Fehlerkultur ist, ist hochinnovativen Unternehmen schon seit Langem bekannt. So führte der damalige Präsident des Technologiekonzerns 3M, William L. McKnight, im Jahr 1948 seine »McKnight-Principles« als Führungsgrundsätze ein, in denen es heißt:

»Mistakes will be made. But if a person is essentially right, the mistakes he or she makes are not as serious in the long run as the mistakes management will make if it undertakes to tell those in authority exactly how they must do their jobs. Management that is destructively critical when mistakes are made kills initiative.«

Mit dieser Grundregel zum Umgang mit Fehlern und der Sichtweise, das Scheitern als einen Teil des Innovationsprozesses zu sehen, ist 3M in den vergangenen Jahrzehnten gut gefahren. Sie zeigt, dass es die Aufgabe primär der obersten Führungsebene, aber auch aller anderen Führungskräfte ist, deutlich zu machen, was ein positiver Umgang mit Fehlern bedeutet und warum es wichtig ist, dies immer wieder allen klar zu machen. Nur so kann man auch der ebenfalls von McKnight aufgestellten Regel folgen: »Hire good people and leave them alone«, denn gute Mitarbeiter erwarten einen respektvollen Umgang sowie Freiräume für ein verantwortungsbewusstes Handeln und keine fortlaufende Kontrolle oder sogar Bevormundung durch ihre Vorgesetzten.

Wie steht es mit der Fehlerkultur in Ihrem Unternehmen? Ist die Art und Weise, wie Sie mit Fehlern umgehen, mit der von 3M vergleichbar – oder sind Sie sogar noch besser?

In unserer Studie haben wir jedenfalls auch die gelebte Fehler-kultur in den über zweihundert Unternehmen unter die Lupe genommen. Schließlich ist der richtige Umgang mit Fehlern in vielen Unternehmen immer noch ein Thema, das hinsichtlich seiner motivierenden oder eben demotivierenden Wirkungen immer noch vernachlässigt wird. Dabei wurde deutlich, dass Fehler (zu) häufig gerade nicht als Lernchancen gesehen werden und insbesondere der Innovationsbereich mit dem Lernen aus Fehlern mehr oder weniger ausgeprägte Probleme hat (Bild 5.13).

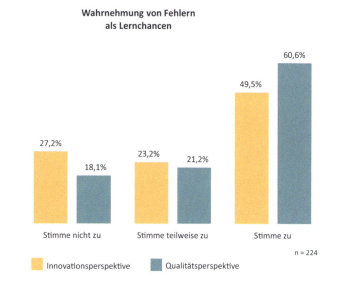

Wahrnehmung von Fehlern als Lernchancen

27,2% · 18,1% — Stimme nicht zu
23,2% · 21,2% — Stimme teilweise zu
49,5% · 60,6% — Stimme zu

n = 224

Innovationsperspektive · Qualitätsperspektive

Bild 5.13   Das Fehlerlernen könnte ausgeprägter sein.

Aus den persönlichen Gesprächen im Rahmen der unsere schriftliche Befragung begleitenden Interviewreihe ging deutlich hervor, dass man Fehler in einem durch Spannungen gekennzeichneten Umfeld gerne unter den Teppich zu kehren versucht, weil in vielen Fällen schlichtweg die Angst dominiert, vor den eigenen Kollegen oder denen des anderen Bereichs »dumm« dazustehen. Oder weil man für die Folgen von Fehlern einstehen soll, für die man tatsächlich nicht oder nur teilweise verantwortlich gewesen ist (was dann aber aus irgendwelchen Gründen nicht so gesehen wird). In beiden Fällen ist es verständlich, wenn sich die Betroffenen dem mit allen Mitteln (welche die Unternehmenskultur zulässt!) entziehen wollen.

Besonders im Innovationsmanagement von mittelständischen Unternehmen lässt sich zudem ein in dieser Hinsicht relevanter Trend feststellen. Hier werden immer häufiger junge Hochschulabsolventen in der Produktentwicklung eingesetzt. Diese jungen Mitarbeiter sind zwar höchst motiviert, müssen aber eine gewisse Lernkurve absolvieren. In den Interviews hörte man öfters Sprüche wie: »Bei uns im Unternehmen haben wir keine erfahrene Entwicklungsabteilung, sondern eine Jugend-forscht-Truppe.« Das klingt nicht respektvoll und ist wohl auch nicht so gemeint. Angesichts solcher Aussagen ist es nicht verwunderlich, dass eine (durchaus nachvollziehbare) Scheu vorherrscht, Fehler offen anzusprechen und als Lernchancen anzusehen. Es stellt sich eher das Gefühl von einem Haifischbecken ein, in dem jeder Fehler zu einem weiteren Vertrauens- und

Wertschätzungsverlust führt und deshalb tunlichst vermieden oder – falls er dann doch passiert ist – vertuscht werden sollte. Das macht 3M seit über 70 Jahren (!) irgendwie anders, wie Sie sich erinnern … Machen Sie es doch genauso!

Auch innerhalb des Qualitätsmanagements nimmt die Fehlerkultur eine zentrale Rolle ein. So dienen Fehler als Chance zur kontinuierlichen Verbesserung der Produkt- und Servicequalität und zur fortlaufenden Prozessoptimierung. Die Ergebnisse unserer Studie zeigen, dass vor allem das Qualitätsmanagement die mit Fehlern verbundenen Lernchancen aktiv wahrnimmt. Neben dem Ansatz des kontinuierlichen Lernens und der stetigen Verbesserung werden hier häufig »Null-Fehler-Ansätze« verfolgt, vor allem wenn es um Produkte geht, die im Falle des Versagens zu einer Gefahr für Leib und Leben führen (wie beispielsweise Druckluftbremsen für schwere Lastkraftwagen oder Schienenfahrzeuge).

Dabei ist allerdings zu unterscheiden, wann ein Fehler auftreten darf und wann nicht. Der Anspruch eines fehlerfreien Endprodukts muss nicht zwangsläufig bedeuten, dass auf dem Weg dorthin keine Fehler passieren dürfen. Gerade im Innovationsprozess kann es sinnvoll sein, Fehler oder mögliche spätere Fehlerquellen möglichst früh zu identifizieren, um diese rechtzeitig zu beseitigen oder sogar das gesamte Innovationsprojekt zu stoppen. So lassen sich fehlgeleitete Ressourcen gemäß dem Prinzip »Fail early, fail cheap« vermeiden. Die entscheidende Voraussetzung ist allerdings auch hier die Fähigkeit und die Bereitschaft, mit Fehlern offen und ehrlich umzugehen, denn gerade für Entwickler ist es häufig nicht leicht, ihr lieb gewonnenes R&D-Projekt schon in einer frühen Phase zu beenden. Dieses Phänomen des »Kill your darlings« ist auch im Design Thinking hinlänglich bekannt und zeigt, wie schwer es auf der Ebene des emotionalen Bewusstseins ist, mit Fehleinschätzungen und deren Wirkungen umzugehen.

Sowohl das Qualitäts- als auch das Innovationsmanagement sollten Fehler ganz gezielt und bewusst als Quelle für Verbesserungen nutzen und so gemeinsam eine »Culture of Innovation« entwickeln.

5.6 Pain Point 6: Mitarbeiterpotenziale werden nicht genutzt!

Gerade wenn es um Innovation und Qualität geht, brauchen Unternehmen Mitarbeiter, die sowohl eine hohe fachliche und methodische Kompetenz als auch eine ausgeprägte Sozialkompetenz mitbringen. Solche Mitarbeiter zu finden, ist nicht leicht. Jede Führungskraft weiß das. Und wenn es dann endlich gelungen ist, jemanden zu finden, der oder die dann auch noch ausgeprägte soziale Fähigkeiten und ein umfassendes Interesse für die Belange des Unternehmens mitbringt, dann ist das fast wie der berühmte »Sechser im Lotto«!

Vielleicht übertreiben wir hier ein klein wenig. Es geht ja auch nicht nur um die »Nadel im Heuhaufen«, sondern es geht um viele Mitarbeiter mit ihren hervorragenden Fähigkeiten. Um diese im Sinne des Unternehmens und in deren Sinne zu nutzen, müssen diese Mitarbeiter eine angemessene Handlungskompetenz erhalten, das heißt sie müssen in die Lage versetzt werden, im Rahmen ihres jeweiligen Tätigkeitsbereichs selbstständige Entscheidungen zu treffen und diese dann auch ebenso selbstständig umzusetzen.

In zahlreichen Interviewreihen zum speziellen Thema »Qualitätsbewusstsein« haben wir in den letzten zehn Jahren festgestellt, dass die von uns in Einzelinterviews befragten Personen immer wieder reklamiert haben, sie hätten in ihren Unternehmen zu eng gesteckte Aufgaben-, Verantwortungs- und Kompetenzbereiche, und es fehle ihnen an der Möglichkeit, ihr ganzes Wissen und Können zum Einsatz zu bringen. Vielleicht hat sich der eine oder andere dabei überschätzt. Generell sind wir aber der Meinung, dass sehr viele Interviewpartner tatsächlich mehr für ihr Unternehmen leisten könnten, wenn ihre Führungskräfte dies zulassen würden, entsprechend dem bereits genannten Zitat des früheren 3M-Präsidenten McKnight: »*Hire good people and leave them alone.*«

Auf unsere Frage, inwieweit die Mitarbeiter in den Innovations- und Qualitätsbereichen zur Umsetzung von eigenen Ideen ermutigt werden, gab es dementsprechend Antworten. So ist zwar bereits in vielen Unternehmen eine Kultur vorhanden, die neue Ideen unterstützt. Allerdings wird deutlich, dass es ausgerechnet im Innovationsressort noch viel »Luft nach oben« gibt. Gerade in diesem zukunftsgerichteten Bereich haben wir ein deutlich höheres Maß an Offenheit für neue Ideen und mehr Unterstützung für die Entwicklung derselben erwartet (Bild 5.14).

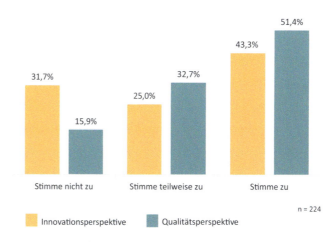

Bild 5.14 Das Ideenpotenzial der Mitarbeiter wird noch zu wenig genutzt.

5.7 Pain Point 7: Kulturelle Mauern behindern die Zusammenarbeit!

Mit den Reibungsverlusten an den Prozessschnittstellen sowie deren Ursachen und Konsequenzen haben wir uns in Abschnitt 5.3 befasst. Dabei wurde deutlich, dass die tiefer liegenden Gründe weniger auf der strukturellen als vielmehr auf der sozial-psychologischen Ebene zu finden sind. Ressortegoismen und Bereichsdenken entstehen nun einmal nicht, weil es bestimmte Organisationsstrukturen gibt, sondern weil die Führungskräfte der einzelnen Einheiten aus irgendwelchen Gründen nicht kooperieren wollen – und weil die Unternehmenskultur ein derartiges Verhalten zulässt.

Letztendlich handelt es sich also um ein kulturelles Phänomen, wenn es in Sachen Zusammenarbeit nicht so richtig klappt. Da können Unternehmen noch so gute Führungsgrundsätze, Richtlinien für die Zusammenarbeit usw. formulieren. Papier ist ja bekanntlich geduldig – und entscheidend ist, was wie gelebt wird. Nur dann werden bestimmte wertebasierte Normen auch Teil des alltäglichen Handelns. Zwingende Voraussetzung dafür ist ein Top-Down-Vorleben über alle Managementebenen hinweg. Da hört es manchmal schon auf der ersten Ebene auf, wenn sich die Mitglieder der Geschäftsführung oder des Vorstandes für alle sichtbar gegenseitig unter Beschuss nehmen und damit zeigen, dass der Wunsch nach einem gemeinsamen und abgestimmten Vorgehen nicht besonders groß ist. Manche Top-Manager sind eben nun einmal mehr Politiker als Unternehmer. Dadurch werden neue Mauern hochgezogen oder vorhandene Mauern verstärkt und nicht durchbrochen!

So zeigten sich in unserer IQ-Studie auch bezüglich der Kompatibilität von Innovations- und Qualitätskultur interessante Ergebnisse. Die Befragten bewerteten dabei die folgende Aussage: »Die Innovations- und die Qualitätskultur sind aufgrund unter-

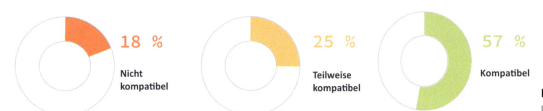

18 %
Nicht kompatibel

25 %
Teilweise kompatibel

57 %
Kompatibel

Bild 5.15 Die kulturelle Harmonie könnte größer sein.

schiedlicher Werte, Normen und Verhaltensweisen in unserem Unternehmen überhaupt nicht miteinander kompatibel«. So sind immerhin 43 Prozent der Befragten, also nicht ganz die Hälfte, der Meinung, dass die Kulturen zwischen dem Innovations- und dem Qualitätsbereich gar nicht oder nur teilweise miteinander harmonieren (Bild 5.15).

Dies ist ein Hinweis darauf, dass es lohnenswert ist, sich die kulturelle Situation im Unternehmen einmal genauer anzusehen, um gegebenenfalls Maßnahmen zu deren Verbesserung zu ergreifen. Denn auch hier gilt das zweite Axiom von Paul Watzlawick, dass die Beziehungsebene, also das *Wie*, die Sachebene, also das *Was*, bestimmt – und das nicht nur, wenn es um Kommunikation geht. Gerade für eine erfolgreiche bereichsübergreifende Zusammenarbeit bilden beispielsweise positive gegenseitige Erfahrungen, persönliche Sympathien, gegenseitiges Vertrauen und sichtbare Wertschätzung eine tragfähige Basis.

Von daher erstaunt es nicht, dass als wichtigste Maßnahme zur Verbesserung der Zusammenarbeit und des gegenseitigen Verständnisses für die jeweiligen Ziele von den Befragten die Förderung eines regelmäßigen Austausches genannt wurde. Von den Qualitätsmanagern wurde darüber hinaus die frühzeitige Einbindung der Qualitätsfunktion in den Innovationsprozess und die effizientere Gestaltung von Strukturen und Prozessen durch eine klare Regelung der Aufgaben, Verantwortung und

Kompetenzen genannt. Es mangelt also offenbar in einigen Unternehmen an der Möglichkeit, sich intensiver mit den Zielen, Interessen und Arbeitsweisen des jeweils anderen Funktionsbereichs zu befassen. Gerade ein solches näheres »Kennenlernen« ist aber die Voraussetzung für ein gegenseitiges Verständnis und die ergebniswirksame Nutzung von vorhandenen Synergiepotenzialen oder für deren Generierung.

Reißen Sie also die kulturellen Mauern ein und versuchen Sie, eine gemeinsame Basis für eine konstruktive und vertrauensvolle Zusammenarbeit zu schaffen! Eine fortlaufende gegenseitige Information über relevante Ereignisse, die vertrauensvolle Einbindung der jeweils anderen Kompetenzen, gemeinsame Abteilungsmeetings oder ein ungezwungener Kaffee zwischen den Bereichsverantwortlichen können hier schon wahre Wunder wirken.

Beispiel 4:
Wir brauchen keine Spielverderber!

Wir sind zu Gast bei einem führenden Hersteller von Baumaschinen. In unterschiedlichen Vorträgen wird einem Fachpublikum aus Qualitätskreisen vom neuen Qualitätshandbuch und der Herausforderung berichtet, an allen internationalen Produktionsstandorten dieselbe Qualität zu gewährleisten. Es ist von wöchentlichen Reports und Videokonferenzen aus den Herstellerwerken die Rede. An und für sich nichts Weltbewegendes. Mehr oder weniger sind es die üblichen Herausforderungen des heutigen Qualitätsmanagements. Am Ende der Vortragsreihe wird es dann aber nochmals spannend. Denn einem jungen Herrn aus den »feindlichen« Reihen des Innovationsmanagements wird noch Redezeit gewährt, um von neuen Geschäftsmodellen zu berichten. Es geht darum, teure Spezialmaschinen über einen neu konzipierten Onlineshop zu vermieten. Er beginnt davon zu erzählen, wie wichtig es ist, neue Entwicklungen und Geschäftsideen komplett losgelöst von der restlichen Organisation zu entwickeln und diese schnell auf dem Markt zu testen. Dies soll ohne umständlich zu erstellende Lasten- und Pflichtenhefte, ohne quälende Diskussionen mit dem Qualitätsmanagement oder der Produktion und ohne lang andauernde Abstimmungsrunden geschehen. Diese Spielverderber, so der couragierte Innovationsmanager, brauchen wir nicht! Der Qualitätsverantwortliche steht seitlich vom Rednerpult und muss – für alle sichtbar – bei dieser Aussage tief schlucken.

Was zeigt uns dieses Vorgehen und das Verhalten des jungen Entwicklers? Zunächst sei gesagt, dass es grundsätzlich nicht falsch ist, gewisse U-Boot-Projekte (auch Bootlegging genannt) ganz bewusst laufen und erstmal unter dem Radar der Organisation und der Standardprozesse durchtauchen zu lassen (… obwohl sich uns in diesen Fällen immer die Frage aufdrängt, was wohl die kulturellen Ursachen eines solchen inoffiziellen Vorgehens sein mögen). Allerdings zeigen die hier beschriebenen Aussagen des Innovationsmanagers aber auch, dass sich in seinem Kopf wohl ein ganz besonderes Bild verankert hat, eines, dass das Qualitätsmanagement als Innovationsbremse und Spielverderber brandmarkt. Es scheint so, als ob sehr unterschiedliche Subkulturen existieren, die eine Zusammenarbeit mit der Qualitätsfunktion von vornherein ausschließen. Das ist brandgefährlich, denn diese Einstellung unterscheidet nicht zwischen neuen Geschäftsmodellen, U-Boot-Projekten oder Produktverbesserungen in der Serienentwicklung. Eine gelebte Kultur der Gegensätze kann sich dadurch äußerst negativ auf den Produktentstehungsprozess und die damit verbundene Neuproduktqualität oder auch auf ein neues Geschäftsmodell auswirken. Und schließlich bleibt die Frage, warum die unterschiedlichen Kompetenzen und Erfahrungen der Qualitätskollegen nicht für die optimale Ausgestaltung der eigenen Ideen genutzt werden – zum Wohle des gesamten Unternehmens.

Wo finden sich in Ihrem Unternehmen kulturelle Hindernisse, die eine (bessere) Zusammenarbeit zwischen der Innovations- und der Qualitätsfunktion verhindern – und wie gehen Sie damit um?

Bitte machen Sie sich zunächst ein paar Notizen, welche kulturellen Unterschiede und/oder Hindernisse eine Zusammenarbeit zwischen den Mitarbeitern aus dem Innovations- und dem Qualitätsmanagement in Ihrem Unternehmen problematisch machen. – Können Sie diese Unterschiede hinsichtlich Ihrer negativen Auswirkungen in eine Rangfolge bringen? Fall ja, notieren Sie jeweils den Rangplatz, wobei die 1 für den größten Unterschied gedacht ist usw.

DIESE KULTURELLEN UNTERSCHIEDE/HINDERNISSE HABEN BEI UNS DEN GRÖSSTEN NEGATIVEN EINFLUSS AUF DIE ZUSAMMENARBEIT:

_____

_____

_____

_____

Die Bewertung der folgenden qualitativen Aussagen ermöglicht es Ihnen, den Stand Ihrer bisherigen Kooperation einzuordnen. Bitte kreuzen Sie dafür bei den folgenden Fragen jeweils ein Kästchen auf einer Skala von 1 bis 5 an und zählen Sie die Punkte anschließend zusammen (1 = Ich stimme nicht zu; 3 = Ich stimme teilweise zu; 5 = Ich stimme voll und ganz zu).

	1	2	3	4	5
Ich schätze den fachlichen Austausch mit meinen Kollegen aus dem jeweils anderen Bereich (Innovation/Qualität) außerordentlich.					
Ich befinde mich in einem regelmäßigen und fortlaufenden Austausch mit dem jeweils anderen Bereich.					
Unsere gemeinsamen Gespräche sind immer sehr konstruktiv und zielführend.					
Wir treffen uns auch regelmäßig zum Mittagessen in der Kantine oder einem Kaffee in der Pausenküche.					
PUNKTZAHL					Σ

Wo finden Sie sich wieder?

▶ 4-7 **Achtung, einsame Wölfe!**
Versuchen Sie, die Kommunikation und den Austausch mit dem jeweils anderen Bereich deutlich zu verbessern.

▶ 8-14 **Sie sind auf dem richtigen Weg!**
Nutzen Sie die bereits vorhandenen Anknüpfungspunkte noch besser und intensivieren Sie die Kommunikation und die Zusammenarbeit noch mehr.

▶ 15-20 **Vorsicht, Sie sind dabei sich zu verlieben!**
Sie pflegen bereits einen tollen Austausch und sollten diese Potenziale gezielt gemeinsam mit dem anderen Bereich erhalten oder sogar noch weiter ausbauen.

Durch welche konkreten Maßnahmen können Sie die vorhandenen kulturellen Barrieren überwinden und die IQ-Zusammenarbeit (weiter) verbessern? Bitte erstellen Sie zur Strukturierung Ihrer Ideen eine Mindmap (Bild 5.16) und bringen Sie die Maßnahmen danach anhand des Kriteriums »schnelle Umsetzbarkeit« in eine Rangfolge. – Mit dieser strukturierten Aktivitätenliste können Sie beginnen und Ihre ersten *Quick Wins* realisieren ...

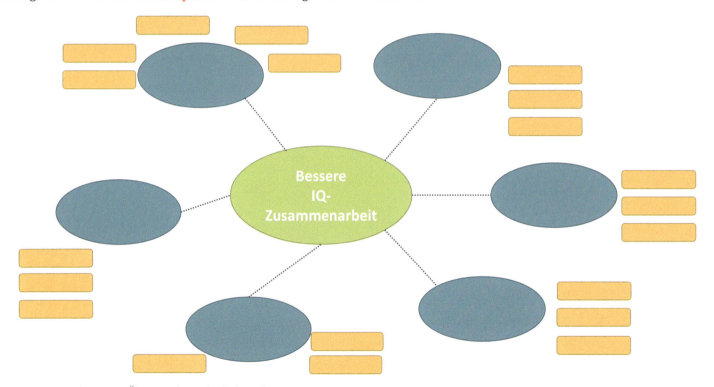

Bild 5.16   Mindmap zur Überwindung der kulturellen Barrieren

DIESE AKTIVITÄTEN WILL ICH ZUERST UMSETZEN

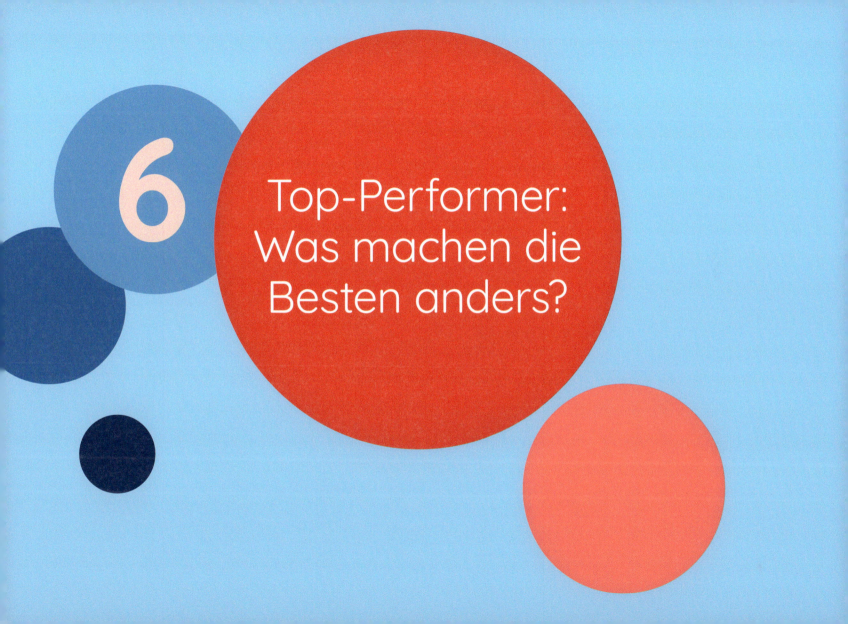

6

Top-Performer:
Was machen die
Besten anders?

Lernen von den Besten. – Das war schon zu Schulzeiten ein guter Grundsatz, wenn es darum ging, sich stetig zu verbessern und sich immer wieder für die Verfolgung von höher gesteckten Zielen zu motivieren (vorausgesetzt, die Besten waren nicht die »Klassenstreber« mit wenig Empathie und viel Egoismus).

Im Hinblick auf unser Thema »Innovation und Qualität« ist es interessant zu klären, was denn diejenigen Unternehmen besser machen, die eine signifikant bessere Innovations- und Qualitätsperformance haben als andere Unternehmen.

Für den Vergleich zwischen Top- und Low- Performern haben wir in unserer Studie eine Differenzierung der Studienteilnehmer anhand ihrer Bewertung des eigenen Unternehmenserfolgs vorgenommen. Für die verschiedenen Indikatorvariablen des Unternehmenserfolgs (Umsatz-, Gewinn- und Marktanteilsentwicklung) wurden dann Durchschnittswerte ermittelt, um so die Low-Performer im ersten Quartil (57 Unternehmen) deutlich von den Top-Performern im vierten Quartil (72 Unternehmen) abzugrenzen. Um zu beurteilen, in welchen Themenfeldern Top-Performer signifikant besser sind als Low-Performer, wurden zum Vergleich die roten und blauen Profillinien in Bild 6.1 erstellt. Sie beziehen sich auf die Ausprägungen der vier Felder Strategie, Organisation, Management und Kultur.

4,5 *

4,0

3,5

3,0

2,5

2,0

Top-Performer (n = 72)   Low-Performer (n = 57)

Innovationsstrategie Qualitätsstrategie Innovationsorganisation Qualitätsorganisation Innovationsmanagement Qualitätsmanagement Innovationskultur Qualitätskultur

● Differenzen signifikant auf dem Niveau 0,05   * Skala von 1 bis 5 (1 = keine Zustimmung, 5 = starke Zustimmung); n = 129

Bild 6.1   Auf welchen Feldern die Top-Performer besser sind

Was lernen wir also von der besonders erfolgreichen Gruppe der IQ-Top-Performer?

Betrachtet man die Ergebnisse der gesamten Stichprobe, so ist zu erkennen, dass die Gruppe der Top-Performer in allen vier IQ-Themenfeldern ein deutlich höheres Niveau aufweist, als diejenige der Low-Performer, das heißt, dass die Top-Performer in Sachen IQ-Strategie, -Organisation, -Management und -Kultur zielwirksamer Handeln als Unternehmen aus der Low-Performer-Gruppe. Folglich können wir festhalten, dass es sich lohnt, in die Optimierung aller vier Themenfelder zu investieren, da sich dieses Investment in einer besseren Unternehmens-Performance zeigt. Dabei ist zu erkennen, dass die Top-Performer vor allem im Bereich des Qualitätsmanagements und der Qualitätskultur deutlich besser abschneiden. Eine Kultur ausgeprägten Qualitätsbewusstseins scheint sich also neben einem schlagkräftigen Qualitätsmanagement in barer Münze auszuzahlen.

Dabei ist die Weiterentwicklung des Qualitätsbewusstseins kein leichtes Unterfangen. Angesichts immer kürzerer Entwicklungs- und Produktlebenszyklen und eines weiter zunehmenden globalen Wettbewerbs ist die wirtschaftlich vertretbare Gewährleistung höchster Qualität eine besonders herausfordernde Aufgabe. Ihre erfolgreiche Wahrnehmung setzt ein entsprechendes Bewusstsein voraus und erfordert die uneingeschränkte intellektuelle und emotionale Präsenz von *allen* Mitarbeitern eines Unternehmens, insbesondere der Führungskräfte. Dieses Bewusstsein lässt sich nicht »von oben« verordnen. Es muss vielmehr wachsen und durch positive Beispiele und Vorbilder fortlaufend unterstützt werden. Denn Hochleistungen erfordern eine inspirierende Führung und zu jeder Zeit Klarheit und Konsequenz im eigenen verantwortlichen Handeln für eine exzellente Qualität und höchste Kundenzufriedenheit! Wie nachhaltige Qualitätsexzellenz über Kopf und Herz der Mitarbeiter erreicht werden kann, zeigt das ebenfalls in diesem Verlag erschienene Buch »Qualitätsbewusstsein schaffen«.

Buchtipp: Qualitätsbewusstsein schaffen

Dieses anschauliche Werk vermittelt Ihnen einen praxiserprobten Weg.

Eine exzellente Produkt-, Prozess- und Unternehmensqualität ist heute mehr denn je die Voraussetzung für globale Wettbewerbsfähigkeit! Trotzdem sind hohe Ausschussquoten, Rückrufaktionen, Reklamationen usw. an der Tagesordnung. Einer der Hauptgründe hierfür ist das unzureichende Qualitätsbewusstsein der Mitarbeiter.

Dieses Buch zeigt nicht nur, wie es zu dieser unerfreulichen Entwicklung gekommen und wie es um die Qualität in deutschen Unternehmen bestellt ist, sondern vermittelt auch einen vielfach praxiserprobten Weg, um den Qualitätsgedanken bei den Mitarbeitern emotional und kognitiv zu verankern. Das ist die Voraussetzung für höchste Produkt- und Prozessqualität bei deutlich reduzierten Cost-of-poor-Quality.

Die zugrundeliegende Quality-Awareness-Methode schafft das nötige Bewusstsein und richtet die Unternehmenskultur auf Qualitätsexzellenz aus. Viele konkrete Tipps, interessante Praxisbeispiele und direkt umsetzbare Handlungsempfehlungen erleichtern dabei den Arbeitsalltag.

Mit diesem QR-Code kommen Sie direkt zu unserem Buch im Online-Shop des Hanser-Verlags.

7

Neun Handlungs-empfehlungen: Worauf Sie achten sollten!

Die folgenden neun Handlungsempfehlungen sind das Ergebnis unserer langjährigen Erfahrungen und verschiedener Forschungsprojekte, die wir mit dem Institut für Change Management und Innovation (CMI) der Hochschule Esslingen und renommierten externen Partnern durchgeführt haben, wie beispielsweise dem Verband Deutscher Maschinen- und Anlagenbau e. V. (VDMA) und der Deutschen Gesellschaft für Qualität e. V. (DGQ). Diese Empfehlungen sollen Ihnen wertvolle Hinweise darauf geben, was Unternehmen tun können, um die Verbindung zwischen der Innovations- und der Qualitätsfunktion weiter zu stärken und die daraus resultierenden Synergien für eine noch bessere Innovations- und Qualitätsperformance zu nutzen. Dabei ist es wichtig, nicht nur auf die Prozesslandschaft, die strategische Ausrichtung oder die Organisationsstrukturen des Unternehmens zu achten, sondern auch ein bereichsübergreifendes Bewusstsein der Mitarbeiter zu fördern, in dem der Innovations- und Qualitätsgedanke gleichermaßen fest verankert ist: Schaffen Sie ein gemeinsames Verständnis von Innovation und Qualität in Ihrem Unternehmen!

7.1 Seien Sie mutig und innovativ!

Wie wir in unserer IQ-Studie festgestellt haben, sind Innovationen wichtiger für den unternehmerischen Erfolg als die Qualität von Produkten und Dienstleistungen. Das soll jetzt keine Einladung dazu sein, die Qualitätsfunktion zu vernachlässigen. Denn gerade die Kombination von innovativen Produkten und einer hervorragenden Qualität ist ein wesentlicher Erfolgsfaktor.

Entwickeln Sie also innovative Produkte, Dienstleistungen und Geschäftsmodelle, ohne sich dabei von überzogenen Qualitätsansprüchen bremsen zu lassen. Dies stellt keinen Widerspruch zu dem von uns betonten Anspruch dar, neue Produkte in exzellenter Qualität zu entwickeln. Es geht vielmehr darum, eine Qualität zu gewährleisten, die Kunden überzeugt, weil sie deren Bedürfnisse genau trifft. Finden Sie daher den Mut, mit neuen kreativen Ideen zum Kunden zu gehen, auch wenn diese noch nicht ganz ausgereift sind. Prüfen Sie, ob auch ein »Minimum Viable Product« am Markt Erfolg haben könnte. Kommunizieren Sie dies gegenüber Ihren Schlüsselkunden (Lead-User-Konzept) und bestimmen Sie mit ihnen gemeinsam das erforderliche Qualitätsniveau für die betreffenden Produkte, Dienstleistungen und Geschäftsmodelle.

Halten Sie ein optimales Gleichgewicht zwischen hohen Qualitätsansprüchen einerseits und attraktivem Neuheitsgrad andererseits. – Die beste Balancierstange ist dabei eine frühe Kundenintegration!

7.2 Schaffen Sie ein gemeinsames Verständnis von Innovation und Qualität!

Ein übereinstimmendes, gemeinsames Verständnis für die unterschiedlichen Arten und Ziele von Innovation und Qualität bei Führungskräften und Mitarbeitern ist eine wesentliche Voraussetzung, um IQ-Synergien zu entwickeln und zu nutzen. Die Entwicklung oder Weiterentwicklung eines solchen Verständnisses sollte durch gezielte Maßnahmen erfolgen wie beispielsweise Workshops oder Führungskräfteveranstaltungen, in denen sowohl die beiden Begriffe als auch deren Bedeutung für das Unternehmen vertiefend diskutiert werden. Auf der Grundlage eines so entstandenen IQ-Verständnisses können Maßnahmen zur Performance-Verbesserung entwickelt werden. Durch einen intensiven und auch informellen Austausch zwischen den Mitarbeitern der beiden Bereiche können dann wechselseitiges Vertrauen sowie Verständnis für die jeweiligen Sicht- und Vorgehensweisen aufgebaut werden. Dabei empfiehlt sich grundsätzlich der konsequente Einsatz von funktionsübergreifenden Teams und »Multiteam-Memberships«, das heißt die simultane Mitgliedschaft von Mitarbeitern in mehreren Projektteams. Klare und richtungweisende Aussagen des Top-Managements sowie die Begleitung dieses Prozesses durch geeignete Trainings- und Teamentwicklungsmaßnahmen fördern dessen Erfolg.

7.3 Stärken Sie das bereichsüber-greifende IQ-Bewusstsein!

Innovationsgeist und Qualitätsbewusstsein entstehen in den Köpfen Ihrer Mitarbeiter. Ein gemeinsames Mindset zu schaffen, ist daher eine wichtige Aufgabe, die vor allem im Verantwortungsbereich der Führungskräfte aller Hierarchieebenen liegt. Dabei gilt es, das bereichsübergreifende Bewusstsein für Innovation und Qualität im tagtäglichen Handeln zu verankern und den Mitarbeitern als gutes Vorbild zu dienen. Um der Querschnittswirkung gerecht zu werden, sollten Innovationsmanager ebenso Verständnis für die geforderten Qualitätsansprüche haben, wie Qualitätsmanager die Notwendigkeit von Innovationen und den damit in der Regel verbundenen Unsicherheitsgrad kennen sollten.

Als wichtigste Maßnahme zur Verbesserung des gegenseitigen Verständnisses dient dabei der regelmäßige formelle und informelle Austausch. Nur ein fortgesetzter und vertrauensvoller Dialog ermöglicht ein kontinuierliches Lernen voneinander. Zur Entwicklung eines gemeinsamen Bewusstseins für Innovation und Qualität trägt neben der rechtzeitigen Einbindung der Qualitätsfunktion in den Innovationsprozess auch die klare und eindeutige Abstimmung von Aufgaben, Kompetenzen und Verantwortung entlang der Kernprozesse des Unternehmens

bei. Klären Sie dabei die unterschiedlichen Rollen und Aufgaben der Prozess- und Teilprozessverantwortlichen.

Die Bedeutung des bereichsübergreifenden IQ-Bewusstseins sollte vom Top-Management immer wieder angemessen kommuniziert und im konkreten Fall immer wieder für alle sichtbar eingefordert werden. Wenn also beispielsweise der optimale Markteintrittszeitpunkt aus der Innovations- und der Qualitätsperspektive unterschiedlich beurteilt wird, dann ist dafür zu sorgen, dass beide Funktionsbereiche gemeinsam zu einer für das Unternehmen sinnvollen Lösung kommen, die sowohl dem Aspekt des *Time to market* als auch dem Anspruch eines möglichst fehlerfreien Produkts gerecht wird. Das ist allemal besser als ein offener oder schwelender Konflikt, in dem Emotionen die Oberhand gewinnen und am Ende irrationale Entscheidungen getroffen werden. Denken Sie daran, im Grunde verfolgen beide Funktionsbereiche dasselbe Ziel, das da heißt, einen wirksamen Beitrag zum Unternehmenserfolg zu leisten. Also packen Sie die Papierbälle weg, beschießen Sie den jeweils anderen Funktionsbereich nicht mit Forderungen oder sogar Anschuldigungen, sondern gehen Sie in den gemeinsamen Diskurs um die für das Gesamtergebnis beste Lösung.

7.4 Schließen Sie Ihre »strategische Lücke«!

Zunächst einmal sollten Sie eine Innovations- und Qualitätsstrategie formulieren und in Ihre Unternehmensstrategie einbetten. Dazu macht es Sinn, einen geeigneten Prozess zur Strategieentwicklung zu initiieren, der die verschiedenen Bereiche gleichermaßen beteiligt und aktiv einbindet – und das nicht nur, damit hinterher niemand sagen kann, man hätte ihn oder sie nicht befragt!

Bei der Formulierung von strategischen Zielen und der Ableitung entsprechender strategischer Maßnahmen ist auf eine ausreichende Abstimmung der beiden Teilstrategien zu achten. Unterschiedliche Ziele und Maßnahmen können ansonsten eine »strategische Lücke« erzeugen, die eine konstruktive Zusammenarbeit der Funktionsbereiche Innovation und Qualität auf lange Sicht behindern kann. Von zentraler Bedeutung dabei ist es, die strategischen Ziele in geeigneter Form aufzubereiten, das heißt sie operational/smart zu formulieren und die unterschiedlichen Ziele den betreffenden Organisationsbereichen klar und eindeutig zuzuordnen. Damit ist dann auch die Zuständigkeit für die strategischen Maßnahmen und die Zielerreichung klar geregelt und ermöglicht kein Wegschieben von Verantwortung mehr. Dabei ist auch zu klären, welche Zielpräferenzen es gibt, wo Zielkonflikte auftreten könnten und wie mit diesen umgegangen werden soll und welche strategischen Ziele gegebenenfalls von der Innovations- und Qualitätsfunktion in den nächsten Jahren gemeinsam verfolgt werden sollen. Dadurch wird die erforderliche Transparenz geschaffen, die zur Vermeidung von ergebnisschädlichen Ziel- und Ressourcenkonflikten beiträgt.

7.5 Sorgen Sie für eine konsequente Umsetzung Ihrer IQ-Strategie!

Wenn Sie schon eine IQ-Strategie formuliert haben und diese dann auch noch umsetzen wollen, dann machen Sie das bitte konsequent! Wir hoffen, Sie nehmen diese Worte jetzt nicht persönlich. Aber unsere Erfahrungen haben uns gezeigt, dass es tatsächlich immer noch und immer wieder Unternehmen gibt, die einen aufwendigen Strategieprozess initiieren, um dann völlig unabhängig von den zuvor formulierten und verabschiedeten strategischen Zielen und Maßnahmen eher operativ zu handeln, gemäß dem Motto: Dringliches verdrängt Wichtiges. Das ist nicht besonders klug.

Richten Sie deshalb vermehrt Ihr Augenmerk auf die Kontrolle der Umsetzungsergebnisse Ihrer Strategien und stellen Sie, wenn nötig, die Hintergründe von Soll-Ist-Abweichungen fest. Nur so wissen Sie jederzeit, ob Sie noch auf dem richtigen Weg zu einer exzellenten IQ-Performance sind. Der wiederkehrenden und umfassenden Kommunikation der Ziele, der (Zwischen-)Ergebnisse und der neu eingeleiteten Maßnahmen zur Zielerreichung kommt dabei eine wichtige Rolle zu, denn dadurch halten Sie den Blick auf Ihre strategischen Ziele gerichtet und machen deutlich, wie wichtig es ist, eine klare langfristige Orientierung zu haben. Hier bedarf es begleitend auch eines ständigen und konsequenten Nachhaltens seitens der Führungskräfte im Sinne eines Top-down-Ansatzes. Dieses anhaltende Engagement für die Realisierung der strategischen Maßnahmen und die Erreichung der strategischen Ziele sollte auch Eingang in die individuellen Zielvereinbarungen finden.

7.6 Schaffen Sie Klarheit im Innovationsprozess!

Häufig entstehen im Innovationsprozess an den Schnittstellen Missverständnisse oder sogar Konflikte, weil die Aufgaben, Kompetenzen und Verantwortung (AKV) der Prozessbeteiligten nicht klar genug definiert sind. Dann möchten beispielsweise entweder alle Beteiligten mitwirken, keiner fühlt sich zuständig oder niemand will die Verantwortung übernehmen. Es macht also Sinn, die AKV-Teilung auch zwischen dem Innovations- und dem Qualitätsmanagement eindeutig festzulegen, zu kommunizieren und darauf zu achten, dass sich alle Prozessbeteiligten daranhalten. Das heißt jedoch keineswegs, dadurch die Freiheit und die Kreativität der Prozessbeteiligten zu beschränken. Vielmehr geht es um ein abgestimmtes Verhalten, das letztendlich einen wichtigen Beitrag zur Prozessqualität und zum Prozessergebnis liefert. Begleitet werden sollte die

Einhaltung dieser Regeln durch ein Prozess-Controlling, dass an den jeweiligen Gates sicherstellt, dass alles »im grünen Bereich« ist. So können zum Beispiel regelmäßige Reviews während der Vorentwicklung, an denen auch das QM beteiligt ist, Qualitätsprobleme bei der Markteinführung neuer Produkte minimieren. Das spart spätere Diskussionen und erfordert weniger Ressourceneinsatz.

Richten Sie Ihren Innovationsprozess dabei an seinen gewünschten Ergebnissen aus: Natürlich kann nicht jedes Innovationsprojekt ein Erfolg werden. Es sollte aber ein klarer Ergebnisraum definiert sein (aus Sicht der potenziellen Kunden), innerhalb dessen sich die einzelnen Projekte bewegen. Klassische Phasenkonzepte des Innovationsmanagements, die darauf aufbauen, dass neue Ideen starr vorgegebene »Gates« passieren müssen, sind nicht überall sinnvoll. Unternehmen sollten stattdessen flexiblere, iterative Problemlösungsprozesse etablieren und insbesondere im Rahmen der Entwicklung neuer Geschäftsmodelle die klassischen Stage-Gate-Modelle anpassen. Dabei ist es hilfreich, wenn Sie klare Spielregeln (Stop-or-Go-Kriterien) definieren, wann ein Innovationsprojekt weitergeführt und wann es abgebrochen werden soll. Intelligent formulierte Gates, wie sie zum Beispiel auch bei Scrum-Prozessen genutzt werden, und ein angepasster Validierungsplan sind dabei sinnvolle Werkzeuge.

7.7 Binden Sie die Qualitätsfunktion frühzeitig in Ihren Innovationsprozess ein!

In manchen Innovationsprozessen ist das Qualitätsmanagement nicht in allen Phasen gern gesehen. Das mag auf Erfahrungen oder Vorurteilen der für Innovation Verantwortlichen beruhen, ist aber in jedem Fall nicht sehr sinnvoll, weil dann ein für den Neuproduktbereich wichtiger Erfahrungsbereich fehlt. Legen Sie also besser fest, wann Ihre Qualitätsfunktion im Innovationsprozess benötigt wird und welche Rolle sie darin einnehmen soll. Auch die Definition von angemessenen Qualitätskriterien für unterschiedliche Innovationsniveaus ist hilfreich, um dem Dilemma zwischen *Time to Market* und Qualitätsanspruch zu begegnen. Dabei sollte die Qualitätsfunktion die Rolle eines Mitstreiters und Unterstützers einnehmen, die zielführend Input gibt, ohne Entwicklungen mit überzogenen oder bürokratischen Forderungen zu behindern oder sogar zu blockieren. Hier empfiehlt es sich, die Situation im eigenen Unternehmen einmal näher zu betrachten und gegebenenfalls ein Pilotprojekt zu definieren, in dessen Prozessphasen Innovation und Qualität so früh wie möglich zusammenarbeiten und anschließend über ihre *Lessons Learned* berichten.

7.8 Identifizieren und überwinden Sie die kulturellen Barrieren!

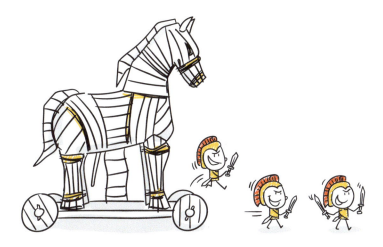

Vermeiden Sie dabei trojanische Pferde! Die Integration von Qualitätsmanagern in den Innovationsprozess sollte allerdings nicht erzwungen werden. Oftmals gelangt das Qualitätsmanagement erst sehr spät und nur über den formalen Umweg mithilfe von Prozessvorgaben und Vorschriften in das Lager der Entwickler. Die QMler werden dann manchmal als Trojaner erlebt, und ihnen wird unterstellt, dass sie den Entwicklungsprozess beeinflussen oder sogar blockieren wollen. Damit gibt es nicht die eigentlich gewünschten Synergien, und die große Schlacht um eine erfolgreiche Neuprodukteinführung in den Zielmarkt lässt sich so nicht gewinnen. Dies hinterlässt dann auf beiden Seiten ein hohes Maß an Unzufriedenheit und verstärkt bereits bestehende Blockaden noch, anstatt sie zu beseitigen.

Barrieren auf der sozialpsychologischen Ebene wirken meist deutlich stärker und nachhaltiger als Sachbarrieren. Adressieren Sie deshalb die erkannten kulturellen Barrieren zwischen Ihrer Innovations- und Qualitätsfunktion und fördern Sie die gegenseitige Akzeptanz der unterschiedlichen Denkmuster und Arbeitsweisen dieser beiden Bereiche. Versuchen Sie, die bestehenden kulturellen Barrieren aufzulösen und durch Integration und Kooperation zu ersetzen. Dabei ist es sinnvoll, sich auf die gemeinsamen Interessen der beiden Bereiche Innovation und Qualität zu konzentrieren. Insbesondere der Übergang von einer »Nullfehlerkultur« zu einer »Fehlerkultur« setzt voraus, sich aktiv von den bisherigen Denk- und Handlungsmustern zu verabschieden.

Starten sollte der Kulturwandel mit der Auswahl und Schulung von Führungskräften, die im Hinblick auf die gewünschte neue Kultur eine Vorbildfunktion einnehmen und den Mitarbeitern die gewünschten Werte und Verhaltensweisen vorleben können und wollen. Dabei ist es von zentraler Bedeutung, innovations- und qualitätsbezogene Werte im alltäglichen Handeln sichtbar werden zu lassen. Hier ist zuvorderst das Top-Management gefragt. Eine visionäre Führung, die klare Vermittlung der Notwendigkeit einer Zusammenarbeit von Innovations- und Qualitätsfunktion, eine angemessene Kommunikation und ausreichende Möglichkeiten zur Beteiligung sind hier geeignete Ansatzpunkte.

7.9 Nutzen Sie Fehler gezielter und wirksamer als Lernchancen!

Nutzen Sie also das großartige Potenzial Ihrer Mitarbeiter und schaffen Sie eine Kultur, in der Fehler als Chance zur Verbesserung angesehen werden. Hierzu tragen die Toleranz gegenüber Misserfolgen, die Schaffung von kreativen Freiräumen und die ständige Bereitschaft zum Dialog ebenso bei wie eine offene Fehlerkultur, in der Fehler nicht vertuscht, sondern offen angesprochen und als Lernchancen verstanden werden. Ermutigen Sie Ihre Mitarbeiter dazu, zu ihren Fehlern zu stehen und gemeinsame Lösungsansätze zu deren künftiger Vermeidung zu entwickeln.

Dabei müssen Fehler aus Sicht des Qualitätsmanagements anders definiert werden als aus der Perspektive des Innovationsmanagements. Denn Fehler aus Sicht des Qualitätsmanagements sind Abweichungen gegenüber vorher festgelegten Anforderungen, während Fehler aus Sicht des Innovationsmanagements im Rahmen eines Trial-and-Error-Vorgehens notwendig sind, um zu einer optimalen innovativen Lösung zu kommen. Insofern kann die Fehlerkultur durchaus zwei unterschiedliche Facetten haben, die den Beteiligten klar sein sollten. Ein Dialog über den Begriff »Fehler« und wie mit diesen umzugehen ist, steigert dabei die Klarheit und ist ein erster Schritt zur wirksamen Etablierung einer neuen und ergebniswirksamen Fehlerkultur in Ihrem Unternehmen.

Eine Unternehmenskultur, in der Fehler lieber vertuscht werden, damit sie nicht wie eine Kettenkugel an einem hängenbleiben, ist weder zeitgemäß noch bewirkt sie positive Ergebnisse.

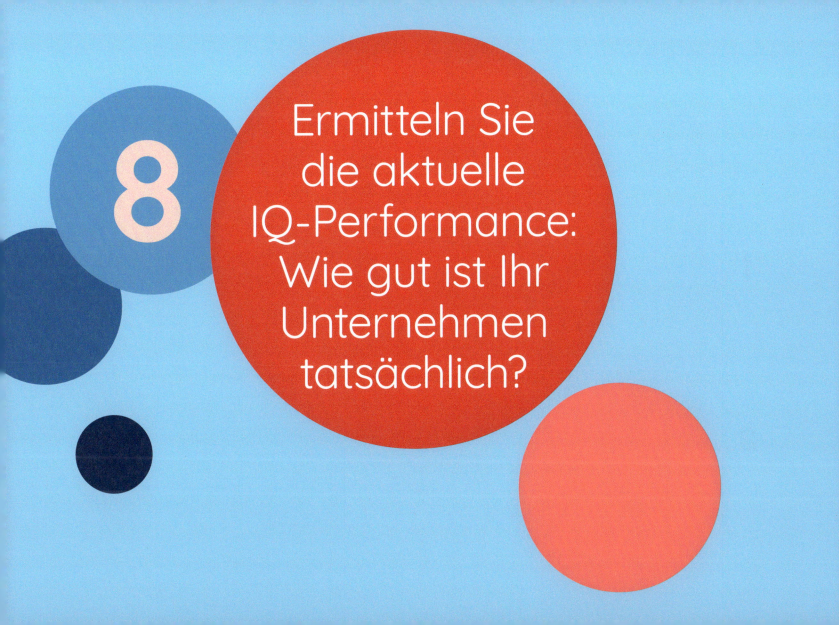

8

Ermitteln Sie
die aktuelle
IQ-Performance:
Wie gut ist Ihr
Unternehmen
tatsächlich?

Auf der Grundlage von statistischen Kausalanalysen der 232 Fragebögen unserer IQ-Studie haben sich 17 Aussagen herauskristallisiert, deren Beantwortung eine Einordnung der IQ-Performance ermöglicht. Wenn Sie wollen, können Sie auf den folgenden Seiten also einen Selbsttest machen und prüfen, wo Ihr Unternehmen in Sachen Innovation und Qualität derzeit steht. Die Ergebnisse geben Ihnen wertvolle und konkrete Hinweise, was die möglichen Stellschrauben zu einer Verbesserung Ihrer IQ-Performance sind. Außerdem erhalten Sie jeweils konkrete Handlungsempfehlungen, um Ihre IQ-Performance zu verbessern.

Der Checkup ist in fünf Diagnosefelder unterteilt, deren jeweilige Aussagen von Ihnen zu bewerten sind. Dabei geht es um den Stellenwert von IQ in Ihrem Unternehmen, Ihre strategische Ausrichtung von Innovation und Qualität, die Gestaltung Ihrer IQ-Organisation, das IQ-Management und Ihre Fehler- und Lernkultur.

Für diesen kleinen Test sollten Sie etwa 30 Minuten einplanen.

Anleitung

Lesen Sie bitte die nachfolgenden Aussagen sorgfältig durch und reflektieren Sie diese vor dem Hintergrund Ihrer bisherigen Erfahrungen. Bewerten Sie dann die Aussagen auf einer Skala von 1 bis 5.

Danach zählen Sie die erreichten Punkte je Diagnosefeld zusammen und vergleichen die Summe mit den Grenzwerten unserer Datenerhebung (blaue Felder).

Im Anschluss errechnen Sie den jeweiligen Durchschnittswert und tragen diesen in das grüne Feld ein. Diese Durchschnittswerte können Sie final in das vorbereitete Netzdiagramm auf Seite 111 (Bild 8.1) einzeichnen, um sich mit den Top- und den Low-Performern unserer IQ-Studie zu vergleichen.

Hier sehen Sie die Bezeichnung der einzelnen Skalenwerte:

1 =	Stimme gar nicht zu
2 =	Stimme weniger zu
3 =	Stimme teilweise zu
4 =	Stimme eher zu
5 =	Stimme voll und ganz zu

Bitte bewerten Sie die folgenden Aussagen:

A| IQ-Verständnis

	1	2	3	4	5
A1| Unter »Qualität« wird in unserem Unternehmen über alle Bereiche und Hierarchieebenen hinweg dasselbe verstanden.					
A2| In unserem Unternehmen hat Qualität einen hohen Stellenwert.					
PUNKTZAHL Block A	Σ		÷2 =	Ø	
Punktzahl Top-Performer	≥ 8				
Punktzahl Low-Performer	≤ 6,2				

Empfehlungen für Low-Performer

▶ In Ihrem Unternehmen fehlt es an einem einheitlichen Qualitätsverständnis. Definieren Sie eindeutig, was Sie unter »Qualität« verstehen, und kommunizieren Sie dies klar gegenüber allen Führungskräften und Mitarbeitern. Verankern Sie auf diese Weise ein einheitliches Qualitätsverständnis in allen Bereichen und auf allen Hierarchieebenen Ihres Unternehmens.

▶ Qualität ist ein entscheidender Wettbewerbsfaktor. Messen Sie dieser Größe einen hohen Stellenwert bei. Stellen Sie anhand von praktischen Beispielen in Ihrem Unternehmen dar, welche Bedeutung die Qualität für Ihre Kunden und damit für Ihren Unternehmenserfolg hat. Sensibilisieren Sie Ihre Mitarbeiter beispielsweise in Workshops oder KVP-Kreisen regelmäßig für die hohe Bedeutung der Produkt- und Prozessqualität.

Empfehlungen für Normal-Performer

► Teilweise besteht in Ihrem Unternehmen ein uneinheitliches Qualitätsverständnis. Kommunizieren Sie Ihre Qualitätsdefinition klarer und transparenter gegenüber allen Mitarbeitern und Führungskräften.

► Stellen Sie immer wieder anhand von praktischen Beispielen in Ihrem Unternehmen dar, welche Bedeutung die Qualität für Ihre Kunden hat. Sensibilisieren Sie Ihre Mitarbeiter beispielsweise in Workshops oder KVP-Kreisen regelmäßig für die hohe Bedeutung der Produkt- und Prozessqualität.

B | IQ-Strategie

	1	2	3	4	5
B1 | In unserem Unternehmen gibt es eine verabschiedete und kommunizierte Innovationsstrategie.					
B2 | Unsere Innovationsstrategie wird konsequent umgesetzt.					
B3 | Wir messen den Grad der Zielerreichung unserer Innovationsstrategie regelmäßig.					
B4 | In unserem Unternehmen gibt es eine verabschiedete und kommunizierte Qualitätsstrategie.					
B5 | Unsere Qualitätsstrategie wird konsequent umgesetzt.					
B6 | Mögliche Qualitätsrisiken werden bei uns immer vorausschauend bewertet und angemessen berücksichtigt.					
PUNKTZAHL Block B	Σ		÷6 =	Ø	
*Punktzahl **Top-Performer***	≥ **21,6**				
*Punktzahl **Low-Performer***	≤ **15,6**				

Empfehlungen für Low-Performer

▶ Erarbeiten und verabschieden Sie eine Innovations- und Qualitätsstrategie für Ihr Unternehmen. Achten Sie darauf, dass diese IQ-Strategie zu Ihrer Unternehmensstrategie passt. Kommunizieren Sie die Strategie in einer angemessenen Form gegenüber allen Mitarbeitern und Führungskräften.

▶ Definieren Sie messbare Erfolgsgrößen für Ihre strategischen Maßnahmen und überprüfen Sie deren Umsetzung an festgelegten Kontrollpunkten. Treffen Sie Maßnahmen, wenn Sie Ihre strategischen Ziele nicht erreichen, um eine konsequente Umsetzung Ihrer Strategie sicherzustellen.

▶ Achten Sie noch stärker auf mögliche Qualitätsrisiken und versuchen Sie, diese vorausschauend zu bewerten. Erstellen Sie beispielsweise im Rahmen einer SWOT-Analyse ein Chancen-Risiken-Profil für Ihre Hauptumsatzträger oder geplante Neuprodukte mit einer hohen Bedeutung für Ihr Unternehmensergebnis.

Empfehlungen für Normal-Performer

▶ Sorgen Sie für eine bessere Kommunikation Ihrer Innovationsstrategie in allen Unternehmensbereichen.

▶ Überprüfen Sie anhand von klar definierten Erfolgsgrößen, ob Sie Ihre strategischen Ziele erreichen. Sichern Sie eine konsequente Strategieumsetzung gegebenenfalls durch geeignete korrigierende Maßnahmen.

▶ Bewerten Sie mögliche Qualitätsrisiken vorausschauend und berücksichtigen Sie diese angemessen und konsequent in Ihrer Unternehmensstrategie.

C | IQ-Organisation

	1	2	3	4	5
C1| Die Innovationsfunktion nimmt ihre Aufgaben immer in klar geregelten bereichsübergreifenden Prozessen wahr.					
C2| Die Qualitätsfunktion hat bei Innovationen ein Vetorecht, wenn die Qualitätsanforderungen nicht oder nicht rechtzeitig erfüllt werden können (Qualität vor *Time to Market*).					
C3| Die Schnittstellen zwischen der Innovations- und der Qualitätsfunktion sind bei uns klar und eindeutig geregelt.					
PUNKTZAHL Block C	Σ		÷3 =	Ø	
Punktzahl Top-Performer	≥ **10,2**				
Punktzahl Low-Performer	≤ **6,9**				

Empfehlungen für Low-Performer

▶ Definieren Sie innerhalb Ihrer Innovationsabteilung klare Prozessabläufe und -verantwortlichkeiten. Achten Sie, wo nötig, auf die bereichsübergreifende Einbeziehung von Verantwortlichen in diese Prozesse.

▶ Geben Sie der Qualitätsfunktion angemessene Kontrollkompetenzen in Bezug auf Innovationen, sodass sichergestellt werden kann, dass Qualitätsanforderungen erfüllt werden.

▶ Legen Sie fest, in welchen Phasen des Innovationsprozesses und bezüglich welcher konkreten Problemstellungen die Schnittstellen zwischen dem Innovations- und Qualitätsbereich Ihres Unternehmens liegen. Definieren Sie klare Prozessabläufe und -verantwortungsbereiche, um einen reibungslosen Ablauf an den Schnittstellen zu garantieren.

Empfehlungen für Normal-Performer

▶ Definieren Sie Ihre Innovationsprozesse klar und vollständig. Legen Sie die Prozessaufgaben und -verantwortung eindeutig fest, um eine reibungslose Aufgabenwahrnehmung insbesondere an den Prozessschnittstellen zu ermöglichen.

▶ Überprüfen Sie den Umfang und die Wirksamkeit der Kontrollkompetenzen Ihrer Qualitätsfunktion in Bezug auf Innovationen. Stellen Sie so sicher, dass die Qualitätsanforderungen jederzeit erfüllt werden.

▶ Schauen Sie sich einmal die Schnittstellen zwischen dem Innovations- und Qualitätsbereich Ihres Unternehmens an und prüfen Sie, ob hier ausreichende Klarheit bezüglich der Verantwortung und Kompetenzen besteht und auch entsprechend gehandelt wird.

D | IQ-Management

	1	2	3	4	5
D1| Unsere Führungskräfte haben ein übereinstimmendes Verständnis von Innovation.					
D2| Unsere Führungskräfte haben ein übereinstimmendes Verständnis von Qualität.					
D3| Unsere Führungskräfte bedienen sich innovativer Managementmethoden wie zum Beispiel Scrum, Design Thinking usw.					
PUNKTZAHL Block D	Σ		÷3 =	Ø	
Punktzahl Top-Performer	≥ **10,5**				
Punktzahl Low-Performer	≤ **7,8**				

Empfehlungen für Low-Performer

▶ Ihre Führungskräfte sollten schnellstmöglich ein übereinstimmendes Verständnis von Innovation und Qualität entwickeln. Dazu kann beispielsweise ein Workshop dienen, in dem über diese beiden Begriffe, deren Bedeutung für das Unternehmen und die Frage diskutiert wird, warum ein gemeinsames Verständnis eine notwendige Grundlage für ein zielgerichtetes IQ-Handeln ist.

▶ Innovative und agile Managementmethoden wie Scrum oder Design Thinking sind dabei hilfreich, bürokratische Strukturen und Prozesse aufzubrechen. Etablieren Sie innovative Managementmethoden in Ihrem Unternehmen vor allem in Abteilungen, deren Prozesse schwer planbar und von Unsicherheit geprägt sind.

Empfehlungen für Normal-Performer

▶ Das übereinstimmende Verständnis Ihrer Führungskräfte bezüglich Innovation und Qualität birgt noch Optimierungspotenzial. Definieren und kommunizieren Sie die Begriffe (möglicherweise erneut) eindeutig. Zeigen Sie auf, warum ein gemeinsames IQ-Verständnis eine notwendige Voraussetzung auch für Ihren zukünftigen Unternehmenserfolg ist.

▶ Verstärken Sie den Einsatz innovativer Managementmethoden in Ihrem Unternehmen und zeigen Sie den konkreten Nutzen anhand von Beispielen (am besten aus Ihrem Unternehmen) auf.

	1	2	3	4	5
E1| Wir nehmen in unserem Unternehmen auftretende Fehler bewusst als Lernchancen für die Verbesserung unseres Innovationsbewusstseins wahr.					
E2| Wir nehmen in unserem Unternehmen auftretende Fehler bewusst als Lernchancen für die Verbesserung unseres Qualitätsbewusstseins wahr.					
E3| Unsere Mitarbeiter werden laufend ermutigt, Ideen zur Qualitätsverbesserung zu entwickeln und umzusetzen.					
PUNKTZAHL Block E	Σ		÷3 =	Ø	
Punktzahl Top-Performer	≥ 12				
Punktzahl Low-Performer	≤ 8,7				

Empfehlungen für Low-Performer

▶ In Ihrem Unternehmen werden Fehler nicht als Lernchancen zur Verbesserung zur Verbesserung Ihrer Produkte und Prozesse sowie des IQ-Bewusstseins der Mitarbeiter genutzt. Gehen Sie bei auftretenden Fehlern nicht mehr auf die Suche nach Schuldigen, sondern klären Sie, warum der Fehler passieren konnte und wie er zukünftig vermieden werden kann (»blame the system«).

▶ Ermutigen Sie die Mitarbeiter in Ihrem Unternehmen dazu, Ideen zur Qualitätsverbesserung zu entwickeln und mitzuteilen. Vernachlässigen Sie nicht das kreative Potenzial Ihrer Mitarbeiter. Etablieren Sie ein wirksames Vorschlagswesen/ Ideenmanagement, das es Ihren Mitarbeitern ermöglicht, eigene Ideen einzubringen, und kommunizieren Sie die Bedeutung dieser Maßnahme.

Empfehlungen für Normal-Performer

▶ Nutzen Sie Fehler noch konsequenter als Chance zur Produkt- und Prozessoptimierung sowie zur Schärfung des IQ-Bewusstseins. Entwickeln Sie so Ihre Fehlerkultur und vor allem den Umgang mit Fehlern weiter und kommunizieren Sie dies im Unternehmen.

▶ Verbessern oder erneuern Sie gegebenenfalls Ihr Vorschlagswesen/Ideenmanagement und ermutigen Sie Ihre Mitarbeiter noch mehr als bisher dazu, Ideen zur Qualitätsverbesserung zu entwickeln und einzubringen. Verstehen Sie die Weiterentwicklung Ihrer IQ-Kultur als einen »*ongoing process*«.

Auswertung Ihrer Ergebnisse

Zeichnen Sie nun Ihre Durchschnittswerte der einzelnen Diagnosefelder in das Netzdiagramm ein (Bild 8.1). Wenn Sie die Werte mit einer Profillinie verbinden, sehen Sie auf einen Blick, wo Sie im Vergleich zu den Top-Performern und Low-Performern unsere Studie stehen.

Wo stehen Sie?

Anhand der IQ-Positionierung Ihres Unternehmens in der Polarkoordinatendarstellung (Bild 8.1) können Sie die Schwerpunkte für Verbesserung Ihrer IQ-Performance definieren.

Dieser kurze Selbsttest reicht nicht aus, um Ihre genaue Ist-Situation wirklich gründlich und substantiiert zu bestimmen und zu bewerten. Aber er gibt Hinweise, wo Handlungsbedarf besteht. – Und Hand aufs Herz: Haben Sie das nicht auch schon vorher gewusst? Insofern haben Sie hier möglicherweise noch einmal eine über den Vergleich mit unserer IQ-Studie objektivierte Sicht erhalten, die Ihnen noch mehr Klarheit über Handlungsnotwendigkeiten verschafft. Aber das ist es natürlich noch nicht gewesen ...

Bitte notieren Sie zunächst einmal, was Ihnen in Sachen IQ-Performance Ihres Unternehmens jetzt durch den Kopf geht. Welche Konsequenzen ergeben sich aus der gerade ermittelten IQ-Positionierung Ihres Unternehmens für Sie? Was haben Sie tatsächlich so erwartet, was hat Sie dann doch überrascht? Welche Erkenntnisse sind aus Ihrer Sicht besonders wichtig? Welcher Spur wollen Sie nachgehen?

Wir werden Ihnen später einen Weg vorschlagen, wie Sie noch konkreter in die Analyse Ihrer IQ-Situation einsteigen und dann konkrete Maßnahmen ableiten und umsetzen können. Dazu mehr in Kapitel 9, Vier Schritte zur Innovations- und Qualitätsexzellenz mit der IQ-Formel.

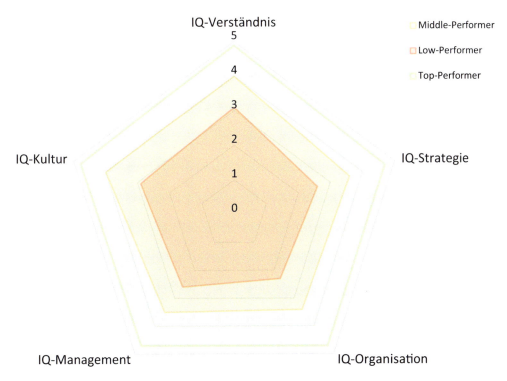

Bild 8.1 Gehört Ihr Unternehmen zu den IQ-Top-Performern?

WAS GEHT MIR IN SACHEN IQ-PERFORMANCE JETZT DURCH DEN KOPF?

9

Vier Schritte
zur Innovations-
und Qualitäts-
exzellenz mit der
IQ-Formel

In Kapitel 3 dieses Buches haben wir Ihnen unsere IQ-Formel als Ergebnis der Kausalanalyse des vorliegenden quantitativen Datenmaterials unserer IQ-Studie sowie der Auswertung der zahlreichen qualitativen Aussagen der von uns schriftlich und mündlich befragten Führungskräfte aus den Innovations- und Qualitätsbereichen vorgestellt (Bild 9.1).

IQ-Exzellenz = Innovationsfähigkeit x Qualitätsfähigkeit

Bild 9.1 Die IQ-Formel

Unsere IQ-Studie, die vorgestellten Beispiele und vielleicht auch Ihre persönlichen Erfahrungen zeigen, dass es letztendlich die Fähigkeit eines Unternehmens ist, qualitativ exzellente Innovationen effektiv und effizient in den Markt einzuführen, die darüber entscheidet, ob dieses Unternehmen langfristig erfolgreich ist oder nicht.

Diese hohe Innovations- und Qualitätsfähigkeit erfordert eine umfassende fachlich-methodische Kompetenz, die vom technologischen Know-how über die technischen Fähigkeiten bis hin zur Beherrschung von Projekt- und Prozessmanagementmethoden reicht. Neben diese Sachkompetenzen treten allerdings gerade in Sachen Innovation und Qualität die sozialen Kompetenzen, also die Fähigkeit und die Bereitschaft der einzelnen Mitarbeiter zur Zusammenarbeit mit anderen. Diese Kooperationsfähigkeit hat wiederum viel mit anderen sozialen Fähigkeiten zu tun, wie beispielsweise Toleranz, Einfühlsamkeit, Konfliktfähigkeit usw., die ihrerseits auf dem individuellen und dem kollektiven Mindset beruhen. Damit sind wir auf der Ebene der grundlegenden Annahmen, der dominanten Denkweisen, der Überzeugungen und der sich daraus ergebenden Verhaltensmuster als wesentliche Teile der Unternehmenskultur.

Dies bedeutet, dass die Veränderung der »harten« Faktoren wie Strategie, Organisation und Technologie zwar eine wichtige Voraussetzung für eine exzellente IQ-Performance ist, dass es aber die »weichen«, kulturellen Aspekte sind, die über den langfristigen Erfolg oder Misserfolg entscheiden (also zum Beispiel das IQ-Verständnis, die IQ-Kultur und das Verhalten der Führungskräfte). – Diesen Satz schreiben keine Sozio- oder Psychologen sozusagen von Berufs wegen, sondern ein Betriebswirt und ein Wirtschaftsingenieur, die ursprünglich eher eine »harte« Fokussierung hatten, aber dann gelernt haben, dass im Arbeitsalltag die Beziehungsebene tatsächlich die Sachebene dominiert. »Trivial«, denken Sie? Na ja, vielleicht ist diese Erkenntnis trivial, aber sie ist eben auch fundamental, wenn man überlegt, wie der Weg zur Innovations- und Qualitätsexzellenz aussehen kann und auf welche Stolpersteine man auf diesem Weg besonders achten sollte.

Bild 9.2 Die vier Schritte des IQ-Exzellenz-Programms

Wir möchten Ihnen deshalb im folgenden vier Schritte zur Innovations- und Qualitätsexzellenz vorstellen, die auf langjährigen Praxiserfahrungen und empirischen Studienergebnissen beruhen und die Ihnen helfen können, Ihren eigenen Weg noch zielgerichteter, wirksamer und schneller zu gehen. Bild 9.2 gibt Ihnen einen entsprechenden Überblick über die Grundstruktur des IQ-Exzellenz-Programms.

9.1 Schritt 1: Systematische Analyse und Bewertung der IQ-Situation

Der erste Schritt zu einer ergebniswirksamen Verbesserung des gegenwärtigen Zustandes ist immer eine gründliche Analyse und Bewertung der Ist-Situation. Das setzt aber zunächst einmal voraus, dass man sich darüber im Klaren ist, dass eine Verbesserung überhaupt notwendig ist. Führungskräfte von Unternehmen, die eine lange erfolgreiche Zeit hinter sich haben, tun sich damit in der Regel mehr oder weniger schwer. Oftmals herrscht ein Denken, in dem Misserfolge nicht vorkommen und auch zukünftig völlig ausgeschlossen werden. Diese »erfolgsgefährdende Wirkung des Erfolgs« birgt allerdings die Gefahr des Scheiterns bereits in sich. Unternehmen wie IBM, Kodak, Nokia und viele andere sind bekannte Beispiele dafür, was passiert, wenn man die Möglichkeiten von bewährten Produkten und Problemlösungen falsch einschätzt und es versäumt, rechtzeitig neue Wege zu gehen. Dann bleibt manchmal nicht mehr viel Zeit zur Neuorientierung …

Empirische Studien und eigene Erfahrungen zeigen aber, dass diejenigen Unternehmen in der Umsetzung ihrer Verbesserungsmaßnahmen und in der Erreichung der damit verbundenen Ziele signifikant erfolgreicher sind, die sich deutlich mehr Zeit für die Analyse- und Planungsphase nehmen als solche, die ihren Verbesserungsprozess ad hoc und ohne eine ausreichende Vorbereitung beginnen. So konnte in einer Gemeinschaftsstudie des Instituts für Change Management und Innovation (CMI) der Hochschule Esslingen und der Industrie- und Handelskammer Mittlerer Neckar nachgewiesen werden, dass Unternehmen, die sich bis zu 50 Prozent der gesamten Dauer ihres Change-Prozesses Zeit für die Analyse, Bewertung und Maßnahmenplanung nehmen sowie hierfür einen detaillierten Zeitplan mit klaren qualitativen und quantitativen Zielen aufstellen, ihre Veränderungsziele deutlich besser erreichen als andere (vgl. Vahs/Leiser: Change Management in schwierigen Zeiten, 3. Nachdruck, Wiesbaden 2006, S. 71 ff.).

Dabei ist uns klar, dass dies im praktischen Einzelfall häufig ein Dilemma ist. Denn einerseits möchten die Unternehmen ihre Maßnahmen zur Verbesserung der IQ-Situation schnellstmöglich planen und am liebsten sofort umsetzen. Das ist auch

grundsätzlich richtig, denn Studien auf dem Gebiet des Veränderungsmanagements zeigen, dass es gerade die sogenannten *Quick Wins* sind, die zu weiteren Anstrengungen motivieren. Insofern ist schnelles und konsequentes Handeln angesagt. Aber andererseits erfordert eine erfolgreiche Maßnahmenrealisation auch eine gründliche Planung und Vorbereitung eben dieser Maßnahmen. Und dazu gehört nun einmal neben einer realistischen Einschätzung der Chancen und Risiken des Unternehmensumfeldes insbesondere die genaue Kenntnis der gegenwärtigen Stärken und Schwächen des eigenen Unternehmens und ihrer Ursachen, auch und gerade auf der Verhaltensebene. Schließlich sollen die Aktivitäten zur Verbesserung der IQ-Situation nicht nur effizient (im Sinne von »die Dinge richtig tun«), sondern auch effektiv sein (im Sinne von »die richtigen Dinge tun«).

Nur wenn Sie die richtigen Dinge richtig umsetzen, also effektiv und effizient sind, werden Ihre Bemühungen um IQ-Exzellenz erfolgreich und vor allen Dingen auch nachhaltig positiv ergebniswirksam sein.

Bei dem Thema »IQ-Exzellenz« geht es eben nicht nur um die harten Faktoren Strategie und Organisation, sondern insbesondere auch um die weichen Faktoren Verständnis, Kultur und Management, wie auch das in Bild 9.3 dargestellte IQ-Pentagon zeigt. Genau diese weichen Faktoren sind es, deren Analyse und Bewertung eine tiefergehende und genauere Untersuchung erfordert. Vielleicht haben Sie sich in der Vergangenheit aus einzelnen Rückmeldungen immer wieder ein Bild gemacht, wie es um das IQ-Verständnis oder um das diesbezügliche Führungsverhalten in Ihrem Unternehmen steht. Aber ist dieses Bild tatsächlich richtig? Sehen und vor allen Dingen erleben das andere Menschen in Ihrem Unternehmen genauso? Wenn dem so ist, was sind dann die Ursachen für ein bestimmtes Verständnis von Innovation und Qualität oder für ein bestimmtes Verhalten von Führungskräften in diesem Zusammenhang? Können Sie das mit Sicherheit sagen?

Hier zeigt sich oft eine Wahrnehmungslücke: Führungskräfte haben im Laufe der Zeit Bilder entwickelt, die teilweise (oder sogar insgesamt) nicht mit der Unternehmenswirklichkeit übereinstimmen. Der Grund liegt auf der Hand: Auch Führungskräfte sehen und erleben immer nur bestimmte Ausschnitte der betrieblichen Realität, denn oftmals werden sogar entscheidungsrelevante Informationen *bottom up* nicht oder nur teilweise weitergegeben. Dieses *Information hiding* resultiert beispielsweise aus der Angst vor negativen Sanktionen, einer Fehleinschätzung darüber, welche Informationen für die nächsten Führungsebenen relevant sein könnten oder nicht oder aus beidem. Da werden dann Kundenreklamationen heruntergespielt, Daten aus Innovationsprojekten zeitlich verzögert weitergegeben oder sachlich begründete, kritische Anmerkungen zum potenziellen Markterfolg eines Neuprodukts aus opportunistischen Gründen zurückgehalten. Je weiter es in der Unternehmenshierarchie nach oben geht, desto wirklichkeitsfremder ist dann manchmal das Bild, das die Top-Entscheider vom Leistungsstand ihres Unternehmens haben. Und diese Aussage gilt keineswegs nur für große Konzerne.

Insofern kann es passieren, dass dann auf der Grundlage punktueller Wahrnehmungen der Realität und ohne eine weiterführende und tiefergehende Betrachtung damit begonnen wird, IQ-relevante Veränderungsmaßnahmen zu initiieren. So wird möglicherweise ein Weg beschritten, der zwar auf den ersten Blick erfolgversprechend zu sein scheint, bei näherem Hinsehen aber in die falsche Richtung führt. Wenn sich diese Erkenntnis dann irgendwann im Unternehmen durchsetzt, haben die Verantwortlichen und deren Mitarbeiter bereits viel Zeit, Geld und Energie investiert, ohne dass tatsächlich eine wirksame Ergebnisverbesserung erreicht worden ist. Dann können die Verantwortlichen entweder ihren Wahrnehmungsfehler eingestehen und von vorne beginnen (welche Top-Führungskraft ist dazu wirklich bereit?), sie können die Richtung wechseln und den (zutreffenden) Eindruck hinterlassen, dass sie den Weg nicht kennen, oder sie können das Thema »IQ-Exzellenz« für die nächsten Jahre schlichtweg vergessen, weil ein nachhaltiger negativer Eindruck bei den Führungskräften und deren Mitarbeitern hängen bleibt. Das mag vielleicht drastisch klingen, ist aber die Wirklichkeit!

Von daher ist es nicht nur sinnvoll, sondern sogar zwingend notwendig, in dem ersten Schritt eines IQ-Exzellenz-Programms die Ausgangssituation systematisch und gründlich zu analysieren. Nur wenn alle aktuellen und entscheidungsrelevanten Fakten vollständig und transparent auf dem Tisch liegen, kann ein in sich stimmiger und zielführender Plan zur Optimierung der IQ-Performance ausgearbeitet werden. Als Grundlage für diese Ist-Analyse haben sich die bereits genannten fünf Analysefelder IQ-Verständnis, IQ-Strategie, IQ-Organisation, IQ-Management und IQ-Kultur in der Praxis bestens bewährt. Außerdem stimmen sie mit den im Rahmen unserer IQ-Studie analytisch gewonnenen Diagnosefeldern zur Bestimmung der IQ-Performance überein (vgl. hierzu Kapitel 8). Diese fünf Analysebereiche haben wir in unserem IQ-Pentagon visualisiert (Bild 9.3).

Bei dieser Gelegenheit möchten wir Ihnen einen wichtigen Hinweis im Hinblick auf die im Folgenden skizzierten Erhe-

IQ-Exzellenz-Programm – Schritt 1

IQ-ANALYSE

Analyse und Bewertung mit dem IQ-Pentagon

Die systematische Erfassung der aktuellen IQ-Situation mit ihren Stärken und Schwächen in der Analysephase ist die Voraussetzung für eine fundierte Bewertung des Ist-Zustandes. Sie umfasst fünf Analysebereiche, die im „IQ-Pentagon" dargestellt sind.

Bild 9.3 Schritt 1: IQ-Analyse

bungs- und Auswertungsmethoden geben: Diese basieren im Wesentlichen auf den langjährig bewährten Verfahren der Quality-Awareness-Methode. In dem Buch »Qualitätsbewusstsein schaffen« ist das konkrete methodische Vorgehen ausführlich und mit zahlreichen Beispielen in Kapitel 11, »Wie geht die Quality-Awareness-Methode vor?«, erläutert. Hier finden Sie auch in der Praxis bewährte Vorschläge für die Gestaltung zum Beispiel von Kick-off-Workshops, die Planung und Durchführung einer themenspezifisch ausgerichteten Mitarbeiterbefragung in Form von teil-standardisierten Einzelinterviews, die Strukturierung eines Interviewleitfadens, die statistische Auswertung und fachliche Interpretation der Daten usw. Dieses Vorgehen, die zugrundeliegende Methode und die eingesetzten statistischen Verfahren lassen sich auch auf die Datenerhebung und -analyse des Themenbereiches »IQ-Exzellenz« übertragen. Die inhaltliche und methodische Anpassung der einzelnen Schritte muss dabei jeweils individuell bezogen auf die spezifische Unternehmenssituation erfolgen.

Mithilfe des IQ-Pentagons können Sie im ersten Schritt Ihre Analyse- und Bewertungsphase inhaltlich strukturieren und die zugrundeliegende Systematik später dann auch für die Maßnahmenentwicklung nutzen. Der zweckmäßige Einsatz des IQ-Pentagons setzt ein intensives Nachdenken über jeden einzelnen der insgesamt fünf Teilbereiche voraus. Das erfordert, dass man sich ganz bewusst in einem interdisziplinären Team, bestehend aus Innovations- und Qualitätsverantwortlichen sowie ausgewählten Angehörigen anderer Unternehmensbereiche (zum Beispiel der Produktion, der Logistik, dem Personalwesen), die nötige Zeit dafür nimmt. Nicht zu vergessen ist dabei auch die Durchführung einer Stakeholder-Analyse, um sich von vornherein im Klaren zu sein, wer nach einem Kickoff voraussichtlich zu den Promotoren einer verbesserten IQ-Performance gehören dürfte, wer eher als Bremser wirken könnte und wer sich voraussichtlich neutral verhalten wird.

Dies alles kann beispielsweise im Rahmen eines eintägigen IQ-Workshops erfolgen, der idealerweise außer Haus in einer entspannten Atmosphäre stattfinden sollte. Die gründliche Vorbereitung und die zielgerichtete Durchführung des Workshops ist dabei ein wesentlicher Meilenstein des gedanklichen Prozesses, bei dem es um die Verbesserung der Innovations- und Qualitätsfähigkeit geht. Hierzu ist es nach sinnvoll, in einem Vorbereitungs-Meeting festzulegen, welche Fragestellungen von wem in diesem Workshop bearbeitet werden sollen und wer die Suche nach Antworten auf die jeweiligen Fragestellungen durch entsprechende Vorfeld-Recherchen vorbereitet, damit im Workshop selbst dann keine relevanten Informationen für die Bearbeitung und die Diskussion der Fragen fehlen. Im Folgenden finden Sie einige Beispiele für konkrete handlungsfeldbezogene Fragestellungen. Diese Beispiele erheben keinen Anspruch auf Vollständigkeit. Sie vermitteln Ihnen aber einen Eindruck, worauf es nach unseren Erfahrungen bei der Analyse der IQ-Ausgangssituation besonders ankommt.

WAS MUSS ICH BEI DER VORBEREITUNG UND DURCHFÜHRUNG DES IQ-WORKSHOPS UNBEDINGT BEACHTEN?

_____

_____

_____

_____

_____

_____

_____

_____

_____

_____

_____

_____

_____

A) VERSTÄNDNIS

▶ Sind der Innovations- und der Qualitätsbegriff in Ihrem Unternehmen einheitlich definiert und wurde diese Definition wirksam kommuniziert?

▶ Herrscht in Ihrem Unternehmen ein übereinstimmendes Verständnis darüber, was unter »Innovation« und »Qualität« zu verstehen ist?

▶ Wie wird der Stellenwert von Innovation und Qualität in Ihrem Unternehmen bewertet (sehr gering – mittel – sehr hoch)? Gibt es hier bereichs- und hierarchiebezogene Unterschiede? Falls ja, worauf sind diese zurückzuführen?

▶ Welche Maßnahmen wurden bisher ergriffen, um das Verständnis und den Stellenwert von Innovation und Qualität zu stärken? Wie ist der Erfolg dieser Maßnahmen Stand heute zu bewerten?

B) STRATEGIE

▶ Gibt es in Ihrem Unternehmen eine vom Top-Management verabschiedete Innovations- und/oder Qualitätsstrategie? Falls nicht, woran liegt es, dass bisher keine derartigen Strategien entwickelt worden sind?

▶ Falls ja, sind diese beiden Strategien integrale Bestandteile Ihrer Unternehmensstrategie?

▶ Haben Sie in Ihrem Unternehmen smarte strategische Ziele und konkrete strategische Maßnahmen einschließlich entsprechender Verantwortlichkeiten und Kompetenzen festgelegt?

▶ Wird die Umsetzung der strategischen Maßnahmen konsequent nachgehalten, beispielsweise mit einem Strategie-Dashboard?

▶ Sind die Innovations- und Qualitätsstrategie aufeinander abgestimmt oder sogar in einer IQ-Strategie zusammengefasst?

▶ Wie wirksam sind Ihre bisherigen Innovations- und Qualitätsstrategien beziehungsweise Ihre IQ-Strategie? Welche strategischen Ziele werden (regelmäßig) erreicht und welche nicht? Woran liegt das?

▶ Wie und mit welchem Erfolg wurde die IQ-Strategie bisher in Ihrem Unternehmen kommuniziert?

▶ Welche Maßnahmen wurden bisher ergriffen, um die IQ-Strategie im Hinblick auf deren Wirksamkeit zu verbessern? Wie ist Stand heute der Erfolg dieser Maßnahmen zu bewerten?

C) ORGANISATION

▶ Wie sind Innovation und Qualität in Ihrem Unternehmen organisiert (zum Beispiel zentral – dezentral, bürokratisch – agil, aufgabenbezogen – prozessbezogen usw.)?

▶ Entspricht die Organisation der Innovations- und Qualitätsfunktion, sowohl was die Aufbau- als auch was die Prozessorganisation betrifft, den gegenwärtigen und den zukünftigen Effektivitäts- und Effizienzanforderungen?

▶ Wo steht insbesondere Ihr IQ-Prozessmanagement aktuell, wie ist die Prozessqualität und welchen Beitrag leisten die Prozesse zur Verbesserung der Innovations- und Qualitätsperformance?

▶ Wie gut werden in Ihrem Unternehmen die Schnittstellen zwischen der Innovations- und der Qualitätsfunktion beherrscht?

▶ Welche Maßnahmen wurden bisher ergriffen, um die IQ-Organisation im Hinblick auf deren Wirksamkeit zu verbessern? Wie ist Stand heute der Erfolg dieser Maßnahmen zu bewerten?

D) MANAGEMENT

▶ Wie gut nehmen die Führungskräfte ihre Innovations- und Qualitätsverantwortung wahr?

▶ Wie erleben Sie die Führungskräfte, wenn es (a) um Innovationsthemen und (b) um Qualitätsthemen geht?

▶ Wie gehen die Führungskräfte des Innovations- und des Qualitätsbereichs im Tagesgeschäft miteinander um (zum Beispiel vertrauensvoll – misstrauisch, wertschätzend – abwertend, offen – verschlossen usw.)?

▶ Gibt es einen regelmäßigen Führungskräfteaustausch zwischen den Bereichen Innovation und Qualität (zum Beispiel im Rahmen von Jobrotation oder Hospitationen)?

▶ Unterstützt das Top-Management die Zusammenarbeit zwischen dem Innovations- und dem Qualitätsbereich? Wenn ja, durch welche Maßnahmen und mit welchen Ergebnissen?

▶ Gibt es spürbare Unterschiede in der Priorisierung, wenn es um die Zuordnung von Budgets zum Innovations- bzw. zum Qualitätsbereich geht?

▶ Welche Maßnahmen wurden bisher ergriffen, um das IQ-Management im Hinblick auf dessen Wirksamkeit zu verbessern? Wie ist Stand heute der Erfolg dieser Maßnahmen zu bewerten?

E) KULTUR

▶ Wie sind (a) die Innovationskultur und (b) die Qualitätskultur Ihres Unternehmens zu charakterisieren (zum Beispiel Schwungradkultur – Mühlsteinkultur, offen/vertrauensvoll – verschlossen/misstrauisch usw.)? Welche besonderen Merkmale weist die jeweilige Kultur auf?

▶ Inwieweit stimmen die beiden IQ-Subkulturen überein und in welchen Merkmalen unterscheiden sie sich?

▶ Gibt es in Ihrem Unternehmen eine Fehlerkultur? Wie ausgeprägt ist diese und wird sie von allen Führungskräften sichtbar gelebt?

▶ Welche Maßnahmen haben Sie bisher ergriffen, um Ihre IQ-Kultur im Hinblick auf deren Wirksamkeit zu verbessern? Wie ist Stand heute der Erfolg dieser Maßnahmen zu bewerten?

Leitfrage für die Vorbereitung des IQ-Workshops und für die weiterführende Diskussion im Workshop:

DIE FOLGENDEN WEITEREN FRAGEN SIND MIR NOCH EINGEFALLEN:

_____

_____

_____

_____

_____

_____

_____

_____

_____

_____

_____

_____

Was sind die IQ-Pain-Points in unserem Unternehmen?

Alle am Workshop teilnehmenden Personen sollten vorab die aus ihrer Sicht wichtigsten Pain Points in Bezug auf ihre Erfahrungen mit den Themen Innovation und Qualität notieren. Das

dient zum einen dazu, sich auf den IQ-Workshop einzustimmen, und zum anderen dazu, um im Workshop eine Grundlage für einen ersten Abgleich der Meinungen zum Thema Innovation und Qualität zu haben. Nutzen Sie dafür am besten das IQ-Pentagon (Bild 9.4).

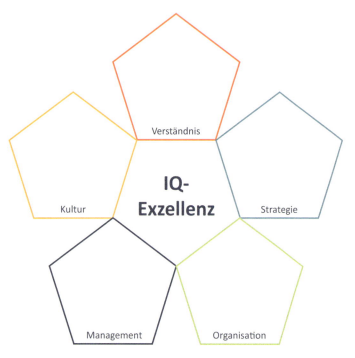

Bild 9.4 Unsere Pain Points im IQ-Pentagon

9.2 Schritt 2: Planung und Durchführung der IQ-Befragung

Nach der umfassenden Analyse und Bewertung der Ist-Situation im ersten Schritt folgen im Schritt 2 die Planung und die Durchführung der IQ-Befragung. Diese Phase der IQ-Exploration ist der Kern der IQ-Methode und besteht aus vier Schritten (Bild 9.5).

Vom methodischen Vorgehen her folgt das Vorgehen der Quality-Awareness-Methode, die auf einer mündlichen Befragung in Form von etwa eineinhalbstündigen Einzelinterviews mithilfe eines teilstandardisierten Interviewleitfadens beruht, der sowohl offene Fragen als auch skalierte Aussagen umfasst. Die Interviewpartner werden idealerweise mittels Zufallsauswahl festgelegt und kommen aus allen relevanten Unternehmensbereichen und von allen Hierarchieebenen. So entsteht mithilfe

IQ-EXPLORATION

Planung und Durchführung der IQ-Befragung

Die Explorationsphase dient der Gewinnung von näheren Informationen über die Hintergründe der aktuellen IQ-Situation. Dabei wird ein besonderer Wert auf die Erfassung der Erfahrungen von Mitarbeitenden aller Hierarchieebenen und Organisationsbereiche gelegt, um eine gute Grundlage für die Maßnahmenentwicklung zu schaffen.

01 | PROJEKTPLANUNG
Definition der Projektphasen und des zeitlichen Ablaufs

02 | STICHPROBENZIEHUNG
Festlegung der Art und des Umfangs der Stichprobe

03 | INTERVIEWLEITFADEN
Konzeption und Test des Interviewleitfadens

04 | DATENERHEBUNG & -AUSWERTUNG
Statistische und inhaltsanalytische Auswertung der quantitativen und qualitativen Daten

Bild 9.5 Schritt 2: IQ-Exploration

der Befragung einer repräsentativen Anzahl von Mitarbeitern ein ebenso differenziertes wie objektiviertes Bild der IQ-Situation des betreffenden Unternehmens; denn tatsächlich sind die allermeisten Interviewpartner gerne dazu bereit, einem externen Interviewer in einem streng vertraulichen Rahmen mit späterer Anonymisierung der Aussagen sehr präzise über die Hintergründe einer als unzureichend festgestellten Innovations- und Qualitätsfähigkeit zu informieren. Das sind dann regelmäßig Informationen, die im unternehmensinternen Kommunikationsfluss entweder gar nicht ankamen, über die

Hierarchie weggefiltert wurden oder von den jeweils vorgesetzten Führungskräften bewusst ignoriert worden sind.

Begleitet wird die Interviewreihe von zielgruppenbezogenen Kommunikationsmaßnahmen, beispielweise einem IQ-Newsletter, klaren und wiederkehrenden Botschaften des Top-Managements und geeigneten Visualisierungsmaßnahmen in den einzelnen Unternehmensbereichen (zum Beispiel Displays mit Plakaten, Videosequenzen, IQ-Infoecken usw.). Alle diese Aktivitäten tragen bereits zu einer zielorientierten Klärung des

IQ-Verständnisses, zu einer Weiterentwicklung des IQ-Bewusstseins von Führungskräften und Mitarbeitern und der IQ-Kultur des Unternehmens bei. Die Planung und Durchführung der Befragung wird im Folgenden beschrieben, wobei wir auch hier für vertiefende Details auf das Buch »Qualitätsbewusstsein schaffen« verweisen.

▶ 01 Projektplanung

Die IQ-Befragung setzt eine gründliche Vorbereitung voraus. In einem interdisziplinären IQ-Projektteam, bestehend aus Führungskräften und engagierten Mitarbeitern aus den Bereichen Innovation, Qualität, Personal, Unternehmenskommunikation u. a., werden beispielsweise die Größe und die Zusammensetzung der Stichprobe festgelegt, der Interviewleitfaden konzipiert sowie die Anforderungen an die Datenauswertung definiert. Dabei sollte eine fortlaufende Abstimmung zwischen dem verantwortlichen Projektmanager und dem Top-Management stattfinden. Empfehlenswert – sofern nicht ohnehin erforderlich – ist auch die aktive Einbindung der Arbeitnehmervertretung. Durch diese Maßnahmen und die bereits erwähnte begleitende Kommunikation lassen sich potenzielle Widerstände von vornherein deutlich reduzieren oder sogar vermeiden.

Auch die konkrete Planung des Gesamtprojekts von der Erhebungs- und Auswertungs- bis zur Umsetzungsphase findet in diesem Projektteam statt. Dies hat zweierlei Hintergründe:

Zum einen ist die fortlaufende Einbindung aller betroffenen Bereiche wichtig, um die Akzeptanz zu erhöhen und den Erfahrungsschatz sowie die unterschiedlichen Sichtweisen im Sinne der Projektziele nutzen zu können. Zum anderen bedarf es bei dem angestrebten Bewusstseins- und Kulturwandel auch der Unterstützung von anderen Funktionsbereichen wie etwa der Personalabteilung oder der Unternehmenskommunikation. Denn in jedem Wandel- und Verbesserungsprojekt dieser Art ist es ratsam, ein programmbegleitendes Kommunikationskonzept zu entwickeln und umzusetzen, welches die Notwendigkeit der einzelnen Maßnahmen und deren Fortschritte transparent und ansprechend transportiert. Neben dem Kommunikationskonzept werden in der Planungsphase auch der Projektzeitplan, die Verantwortlichkeiten und die wichtigsten Meilensteine definiert, um einen gemeinsam verabschiedeten und von allen Beteiligten getragenen Programmablauf zu gewährleisten.

▶ 02 Stichprobenziehung

Der Teilnehmerkreis der Befragung und dessen Zustandekommen sind von einer grundlegenden Bedeutung für die Qualität der Interviewergebnisse und deren Akzeptanz im Unternehmen. Schließlich interessiert später nicht nur, welche Ergebnisse herausgekommen sind, sondern auch, wie diese Ergebnisse zustande kamen. Das heißt nicht, dass nähere Informationen über den interviewten Personenkreis mitgeteilt werden, die unter Umständen die Anonymität einzelner Aussagen von Interviewten aufheben würden. Das heißt aber, dass von Anfang dafür zu sorgen ist, dass der ausgewählte Teilnehmerkreis repräsentativ für die Grundgesamtheit ist; denn nur so können die Ergebnisse einer relativ kleinen Stichprobe auf eine wesentlich größere Grundgesamtheit übertragen werden (Werk, Standort, Tochtergesellschaft oder gesamtes Unternehmen im In- und Ausland).

Die Empfehlung lautet deshalb, eine Zufallsstichprobe mithilfe eines elektronischen Losverfahrens zu ziehen, um Stichprobenfehler soweit wie möglich zu vermeiden. Dabei ist eine Quotierung grundsätzlich denkbar, wenn beispielsweise der Anteil der befragten Führungskräfte in der Stichprobe dem Führungskräfteanteil in der Grundgesamtheit entsprechen soll. In die Ziehung werden die Mitarbeiter aller zu untersuchenden Bereiche und Hierarchieebenen einbezogen (zum Beispiel über deren Personalnummern). Die so ausgewählten Personen erhalten dann eine formelle schriftliche Einladung für das Interview. Dabei ist auch darauf zu achten, dass die Teilstichproben aus einzelnen Organisationseinheiten (z. B. dem F+E-Bereich, dem Qualitätsbereich, dem Produktionsbereich, dem Vertrieb usw.) nicht so klein sind, dass Rückschlüsse auf einzelne Mitarbeiter aus diesen Einheiten möglich werden.

Tatsächlich wählen Unternehmen teilweise auch den Weg, 50 Prozent der Teilnehmer in der Hauptstudie durch das Zufallsverfahren zu bestimmen und jeweils 25 Prozent durch das Top-Management und den Betriebsrat zu benennen. Dies ist ebenfalls ein gangbarer Weg, der zu aussagekräftigen Ergebnissen führt. Hier lautet die Empfehlung, die Stichprobenziehung im Vorfeld mit der Arbeitgeber- und der Arbeitnehmerseite im Sinne eines konstruktiven Co-Managements einvernehmlich abzustimmen.

Welcher Weg im konkreten Fall gewählt wird, hängt vom jeweiligen Unternehmen und dessen Kultur ab. Wichtig ist es deshalb, auch bei einer vermeintlichen »Kleinigkeit« wie der Stichprobengenerierung auf die Feinheiten des organisationalen Mindsets zu achten, um spätere Akzeptanzprobleme bei den Ergebnissen und insbesondere bei den daraus abgeleiteten Handlungsempfehlungen von vornherein zu vermeiden.

▶ 03 Interviewleitfaden
Aufbauend auf den umfassenden Erfahrungen aus zahlreichen QA- und IQ-Projekten passen wir unseren standardisierten Interviewleitfaden gemeinsam mit den Innovations- und Qualitätsexperten des zu analysierenden Unternehmens an dessen individuelle Gegebenheiten an. Dabei werden bisherige IQ-relevante Erfahrungen des jeweiligen Unternehmens, soweit sie bekannt sind, berücksichtigt und in die einzelnen Analysebereiche integriert. Auch die Wortwahl orientiert sich an den Besonderheiten des betreffenden Un-

ternehmens. Im Mittelpunkt steht die Verständlichkeit der offenen Fragen und der skalierten Aussagen, die eine wesentliche Voraussetzung für die Qualität der Antworten ist. Wenn der Interviewleitfaden in einer ersten Version fertiggestellt und vom IQ-Projektteam verabschiedet wurde, findet ein Pretest mit zehn bis fünfzehn ausgewählten Interviewpartner aus unterschiedlichen Unternehmensbereichen und Hierarchieebenen statt. Zu dem interviewten Personenkreis gehört dabei regelmäßig auch das Top-Management. Dessen Einbindung ist nicht nur aufgrund der zu erwartenden Rückmeldungen aus der übergeordneten Gesamtperspektive besonders wertvoll, sondern stellt auch sicher, dass die obersten Führungskräfte später inhaltlich und methodisch hinter dem Erhebungskonzept stehen und ein dementsprechendes Top-Management-Commitment zu der gesamten IQ-Befragung zeigen.

▶ 04 Datenerhebung und -auswertung
Nachdem die Stichprobe und der endgültige Interviewleitfaden feststehen, kann die Haupterhebung beginnen. In ihr werden die ausgewählten Mitarbeiter in eineinhalbstündigen Einzelinterviews von erfahrenen Interviewern befragt, um so ein repräsentatives Bild der Grundgesamtheit zu erhalten. Einzelinterviews bieten im Gegensatz zu schriftlichen Befragungen oder Gruppeninterviews die beste Möglichkeit, eine neutrale und umfassende Mitarbeiterperspektive zu erhalten. Sie vermeiden die Einseitigkeit von Antworten ohne Rückfra-

gemöglichkeiten ebenso wie die Beantwortung von Fragen nach sozialer Erwünschtheit, wie dies im Gruppeninterview häufig der Fall ist. In den Interviews wechseln sich offene Fragen und geschlossene, skalierte Aussagen ab (zum Beispiel *stimmt gar nicht – stimmt teilweise – stimmt völlig*), die von den Befragten zu beantworten sind. Am Ende eines jeden Analysebereichs werden die Interviewten nach ihren Handlungsempfehlungen gefragt: »Was würden Sie zukünftig hinsichtlich Innovation und Qualität anders beziehungsweise besser machen?«.

Sämtliche Aussagen werden vom Interviewer während des Interviews schriftlich dokumentiert und anschließend sofort anonymisiert. Dabei gilt absolute Vertraulichkeit. Zu keiner Zeit dürfen Aussagen einzelnen Interviews und damit befragten Personen zugeordnet werden können. Dies ist eine entscheidende Voraussetzung nicht nur für die Zustimmung des Betriebsrats zu einer derartigen Befragung, sondern vor allem für die Bereitschaft der zu den Interviews eingeladenen Mitarbeiter, die ihnen gestellten Fragen offen und umfassend zu beantworten und die vom Interviewer vorgelesenen skalierten Aussagen zu bewerten.

Im letzten Schritt der IQ-Exploration werden die in den Interviews gesammelten quantitativen und qualitativen Daten statistisch und inhaltlich ausgewertet. Neben Heatmaps und Rankings der qualitativen Aussagen lassen sich so beispielsweise Polaritätenprofile und Netzdiagramme erstellen (Bild 9.6 und Bild 9.7). Dadurch können Gemeinsamkeiten und Unterschiede der einzelnen Organisationseinheiten (zum Beispiel Innovationsbereich, Qualitätsbereich, Vertrieb usw.) und Bezugsgruppen (zum Beispiel Führungskräfte, Mitarbeiter ohne Führungsaufgaben) einzeln oder mit Bezug zur Gesamtauswertung beziehungsweise anderen Benchmark-Un-

ternehmen visualisiert werden. In Bild 9.6 sind so beispielhaft die Durchschnittswerte der quantitativen Auswertungen aller neun Analysefelder des gesamten Unternehmens, eines Standortes dieses Unternehmens sowie zum Vergleich die Werte von zwei Benchmark-Unternehmen aus dem Maschinen- und Anlagenbau und der Automobilzuliefererindustrie dargestellt.

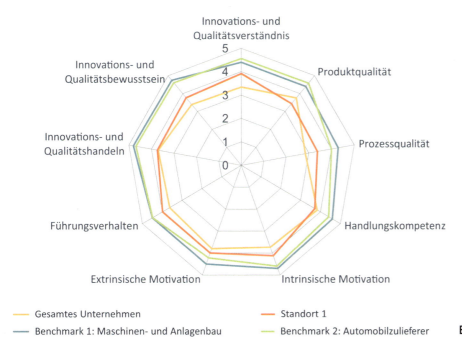

— Gesamtes Unternehmen

— Standort 1

— Benchmark 1: Maschinen- und Anlagenbau

— Benchmark 2: Automobilzulieferer

Bild 9.6 Beispiel eines Netzdiagramms

Durch diese systematische Vorgehensweise zeigt sich schnell, welche Analysebereiche und welche Organisationseinheiten (zum Beispiel Forschung & Entwicklung, Produktmanagement, Fertigung, Vertrieb, Service usw.) ein besonders ausgeprägtes Optimierungspotenzial aufweisen. Diese »Hotspots« lassen sich in Form einer Matrix übersichtlich darstellen und bilden damit eine wesentliche Grundlage für die Identifikation eines konkreten Handlungsbedarfs und die Konzeption entsprechender Optimierungsmaßnahmen.

Als Auswertungsbeispiel wird im Folgenden die Heatmap eines Unternehmens mit zehn Organisationseinheiten (OE) vorgestellt (Bild 9.7). Die Zahlen geben an, wie viele IQ-bezogene Handlungsempfehlungen (anders/besser machen) bezogen auf die Organisationseinheiten (OE) in den jeweiligen Analysebereichen von den interviewten Personen gegeben worden sind. Organisationseinheiten mit einer großen Zahl von Handlungsempfehlungen (zunehmend rot dargestellt) haben dementsprechend einen größeren Verbesserungsbedarf als solche mit einem geringeren Handlungsbedarf, die zunehmend grün dargestellt sind. So lässt sich aus der Heatmap in Bild 9.7 unter anderem ablesen, dass die Organisationseinheiten OE 1 und OE 2 einen relativ großen Handlungsbedarf in den Analysefeldern Handlungskompetenz, Führungsverhalten und Qualitätsbewusstsein aufweisen, während die Organisationseinheiten OE 6 und OE 8 auf allen Feldern einen vergleichsweise geringen Optimierungsbedarf haben.

Durch dieses Vorgehen wird vermieden, dass die konkret zu entwickelnden Verbesserungsmaßnahmen sozusagen nach dem »Gießkannenprinzip« alle Organisationseinheiten in gleicher Weise betreffen, denn das würde nicht zu einer großen Akzeptanz der Maßnahmen beitragen, dafür aber zu hohen Kosten führen. Vielmehr können so sehr spezifische Maßnahmen mit einem klaren Bezug zu den Besonderheiten der einzelnen Organisationseinheiten umgesetzt werden, die auch konkrete Personen oder Personengruppen inhaltlich und methodisch individuell adressieren.

Mit der Anzahl der Handlungsempfehlungen steigen, wie schon erwähnt wurde, der erkannte Verbesserungsbedarf und damit die Intensität der roten Farbe in der IQ-Heatmap. Um dies erforderlichenfalls auch mit konkreten Aussagen der interviewten Personen inhaltlich belegen zu können, ist die Heatmap mit einem Excel-Sheet hinterlegt, in dem die tatsächlich abgegebenen Handlungsempfehlungen verbal verdichtet sind. Sie können aber auch bis auf die Ebene von Einzelaussagen zurückverfolgt werden, selbstverständlich ohne dadurch die Anonymität der befragten Mitarbeiter zu verletzen. Diese hohe Detailgenauigkeit besitzt eine sehr große Überzeugungskraft, weil sich damit jede einzelne Handlungsempfehlung transparent und plausibel nachvollziehen lässt.

Organisationseinheiten (OE) / Analysebereiche	OE1	OE2	OE3	OE4	OE5	OE6	OE7	OE8	OE9	OE10
Innovations- und Qualitätsverständnis	11	29	9	14	13	9	15	14	18	16
Produktqualität	18	19	16	21	15	11	22	11	12	11
Prozessqualität	20	20	15	12	11	11	13	12	13	15
Handlungskompetenz	41	45	33	35	25	18	39	27	21	24
Intrinsische Motivation	16	13	11	11	9	6	12	9	12	11
Extrinsische Motivation	20	22	13	14	18	7	11	10	17	16
Führungsverhalten	49	47	35	39	28	17	52	24	28	30
Innovations- und Qualitätshandeln	23	24	30	25	19	12	27	15	25	23
Innovations- und Qualitätsbewusstsein	43	44	29	43	29	19	42	25	25	26

Die Zahlen geben die Anzahl der Handlungsempfehlungen je Analysebereich in der jeweiligen Organisationseinheit (OE) an.

Bild 9.7 Beispiel einer IQ-Heatmap

WAS IST MIR IN DER EXPLORATIONSPHASE BESONDERS WICHTIG?

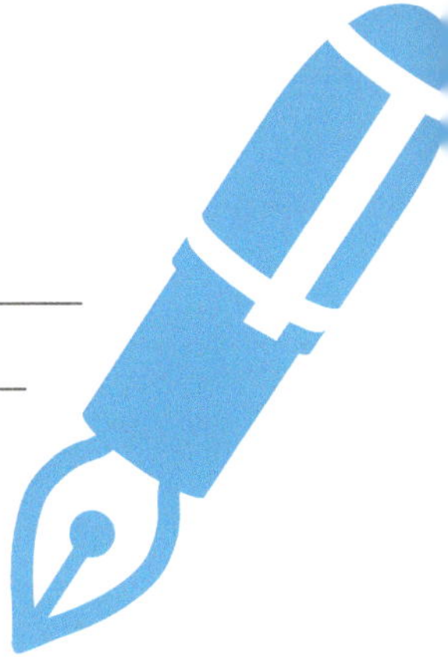

_____

_____

_____

_____

_____

_____

_____

_____

_____

_____

_____

9.3 Schritt 3: Maßnahmen zur Erreichung von IQ-Exzellenz

Mit dem Abschluss der Explorationsphase liegen alle entscheidungsrelevanten Informationen vor. Auf der Grundlage der in den Interviews erhobenen Daten und umfangreicher quantitativer und qualitativer Analysen wird vom IQ-Projektteam im dritten Schritt des IQ-Exzellenz-Programms zunächst einmal ein umfassender und detaillierter Ergebnisbericht erstellt. Dieser Bericht enthält alle relevanten quantitativen statistischen Auswertungen und die verdichteten qualitativen Aussagen. Darauf aufbauend werden in dem Bericht die konkreten Handlungsfelder mit den jeweiligen sehr konkreten Optimierungspotenzialen benannt sowie entsprechende Handlungsempfehlungen formuliert. Darauf aufbauend lassen sich geeignete und vor allen Dingen auch plausible, das heißt nachvollziehbare, Maßnahmen zur Verbesserung des IQ-Verständnisses, der IQ-Strategie, der IQ-Organisation, des IQ-Managements und der

IQ-Exzellenz-Programm – Schritt 3

IQ-UMSETZUNG
Maßnahmenentwicklung mit dem IQ-Pentagon

Auf der Grundlage der Ergebnisse aus der IQ-Befragung werden konkrete Maßnahmen für die fünf Handlungsbereiche entwickelt und zielgerichtet umgesetzt.

Bild 9.8 Schritt 3: IQ-Umsetzung

IQ-Kultur entwickeln (Bild 9.8). Dabei ist es wichtig, dass die Zusammenhänge und die möglichen Wechselwirkungen zwischen den fünf Handlungsbereichen berücksichtigt werden.

Der Ergebnisbericht wird damit zum Ausgangspunkt sowohl für die Entwicklung von konkreten Maßnahmenplänen zur Erreichung der IQ-Exzellenzziele als auch für die unmittelbare Initiierung von *Quick Win*-Aktivitäten (Bild 9.9). Vor allem diese ersten Erfolge in kurzer Zeit sind es, die ein hohes Motivationspotenzial besitzen und sich dementsprechend positiv und direkt auf das IQ-Bewusstsein und -Verhalten der Mitarbeiter auswirken.

Dabei sollten Sie bedenken, dass es gerade in dieser Phase besonders wichtig ist, die Maßnahmen möglichst konkret festzulegen, exakt zu terminieren und insbesondere die Verantwortlichen für die einzelnen Aktivitäten und/oder Maßnahmenpakete zu benennen. Besonders erfolgversprechend ist es bei den IQ-Verbesserungsmaßnahmen, um die es sich hier handelt, wenn die Verantwortung zwischen der Innovations- und der Qualitätsfunktion geteilt wird, wobei tatsächlich auch Doppelverantwortlichkeiten sinnvoll sein können. Dann ist allerdings klar zu regeln, wie Konflikte gehandhabt werden sollen und wie eventuell erforderlich werdende Eskalationsprozesse zu verlaufen haben und wo diese enden.

Grundsätzlich empfiehlt es sich, gerade in der Umsetzungsphase, in der typischerweise mit Widerständen zu rechnen ist, einen hochkarätig besetzten Lenkungsausschuss als Promotorengremium einzurichten. Bei der großen Bedeutung des Themas IQ sollte dessen Vorsitzender der CEO oder zumindest ein Mitglied des Top-Managements mit entsprechenden Entscheidungs- und Weisungsbefugnissen sein. Dadurch wird für alle deutlich erkennbar, dass es sich um ein Top-Thema handelt, dem sich auch das oberste Leitungsgremium verpflichtet fühlt.

Verschaffen Sie sich darüber hinaus rechtzeitig Klarheit, woran die Umsetzung der Verbesserungsmaßnahmen scheitern könnte und wie sich dieses potenzielle Scheitern proaktiv vermeiden lässt. Denken Sie vor dem Start der Aktivitäten auch nochmals darüber nach, ob Sie die wichtigsten Promotoren für eine begleitende Unterstützung des Prozesses aktiviert und die relevanten Opponenten überzeugt oder zur Einnahme einer neutralen Haltung motiviert haben. Dieses prozessbegleitende Stakeholder-Management gehört ebenso zu einem erfolgreichen Prozessverlauf wie eine fortlaufende, zielgruppenbezogene Kommunikation. Entwickeln Sie also eine dementsprechende Roadmap, die alle wichtigen Maßnahmen enthält und die Grundlage für ein begleitendes Prozesscontrolling bildet (Bild 9.9).

Beispiel

IQ-Roadmap

IQ-Exzellenz-Programm

Begleitendes Kommunikations- und Stakeholdermanagement

Erster IQ-Workshop
15.01.2022

Zweiter IQ-Workshop
01.02.2022

Anpassung Interviewleitfaden
16.02.2022

Durchsprache Ergebnisbericht mit Geschäftsführung
17.06.2022

Vorstellung Ergebnisbericht Betriebsrat
23.06.2022

Vorstellung der Ergebnisse
auf der Betriebsversammlung
12.07.2022

| Januar | Februar | März | April | Mai | Juni | Juli | August | September | Oktober | November | **2022** |

Finalisierung
Interviewleitfaden
18.03.2022

Pretest 2
05.03. – 08.03.2022

Pretest 1
25.02.2022

Quick-Wins

Maßnahmen zur Erreichung von Qualitätsexzellenz

Datenanalysen/-bewertungen,
Erstellung Ergebnisbericht
16.05. – 15.06.2022

Durchführung der Befragung
22.04. – 15.05.2022

Bild 9.9 Beispiel einer IQ-Roadmap

WORAUF MUSS ICH IN DER UMSETZUNGSPHASE BESONDERS ACHTEN?

9.4 Schritt 4: Evaluation und Weiterentwicklung der IQ-Fähigkeit

Viele Wege führen nach Rom. Doch stimmt dieses alte Sprichwort auch mit Blick auf den Weg zur IQ-Exzellenz? Gibt es stattdessen vielleicht einen »one best way«, wie der Vater der Fabrikrationalisierung, Frederick Winslow Taylor, es vor über einhundert Jahren in seinem Hauptwerk »Scientific Management« für die industrielle Fließfertigung von Serien- und Massenprodukten postuliert hat? Und wie finden Sie den für Ihr Unternehmen am besten geeigneten Weg?

Den einzig richtigen Weg zur IQ-Exzellenz gibt es nicht! Vielmehr ist der Weg zur IQ-Exzellenz ein unternehmens-individueller Weg, der niemals endet.

Tatsächlich gibt es diesen »einzig richtigen Weg« nicht. – Jedenfalls nicht für alle Unternehmen gleichermaßen. Dazu sind die strategischen, organisatorischen, produktbezogenen usw. Voraussetzungen einfach zu unterschiedlich. Doch noch mehr als die harten Faktoren spielen beim Thema IQ-Exzellenz die weichen Faktoren eine entscheidende Rolle. Denn wenn wir uns über den Wandel eines Unternehmens hin zur IQ-Exzellenz unterhalten, geht es um einen Veränderungsprozess, der sich zu allererst auf der mentalen Ebene abspielt. Und um einen erfolgreichen Mindshift erfolgreich zu bewerkstelligen, ist vor allem die Berücksichtigung der unternehmenskulturellen Besonderheiten erforderlich.

Mit Ihrer Maßnahmenplanung und -umsetzung haben Sie sich also für einen Weg entschieden, der zu Ihrem Unternehmen, dessen Strategie, Organisation und Kultur am besten passt. Dieser individuelle Weg ist dann Ihr »one best way«, der konsequent zu gehen ist. Um sicher zu sein, dass dies auch einige Zeit nach dem Kickoff der Veränderungsmaßnahmen noch der Fall ist, sollten Sie mithilfe eines begleitenden Controllings während der Umsetzungsphase auf die wichtigen Meilensteine und Orientierungspunkte achten und so die Entwicklungen auf allen fünf IQ-Handlungsfeldern überwachen (Bild 9.10). Grundsätzlich bietet sich hier ein professionelles Multiprojektmanagement an, das die einzelnen Projekte und ihre Maßnahmenpakete zielgerichtet bündelt und koordiniert. So können beispielsweise Schnittstellen-Workshops entlang der Prozesskette, Schulungsmaßnahmen oder Coaching-Aktivitäten sinnvoll aufeinander abgestimmt und miteinander verknüpft werden.

Im Rahmen der Programmplanung sollte darauf geachtet werden, dass der Zeithorizont nicht zu kurz gewählt wird, denn die Veränderung von Denkmustern und Verhaltensweisen benötigt ausreichend Zeit. Um festzustellen, wo das Unternehmen nach ein bis zwei Jahren hinsichtlich seiner IQ-Performance steht,

gibt es beispielsweise die folgenden ganz konkreten Möglichkeiten zu einer Überprüfung:

▶ So kann zu einem späteren Zeitpunkt (zum Beispiel nach einem Jahr) nochmals eine kleine repräsentative Stichprobe für eine erneute IQ-Befragung gezogen werden, um den Stand der Weiterentwicklung methodisch einwandfrei zu erfassen und zu evaluieren.

▶ Alternativ können strukturierte Workshops durchgeführt werden, um den Stand der IQ-Performance im offenen Dialog zu besprechen, zu beurteilen und über weiterführende

IQ-Exzellenz-Programm – Schritt 4

IQ-OPTIMIERUNG

Evaluation und Weiterentwicklung mit dem IQ-Pentagon

Unmittelbar an die Maßnahmenumsetzung schließt sich deren laufende Evaluation und kontinuierliche Weiterentwicklung an, um so auch zukünftig eine stetige Verbesserung auf allen fünf IQ-Handlungsfeldern sicherzustellen.

Bild 9.10   Schritt 4: IQ-Optimierung

Aktivitäten nachzudenken. Dieses Vorgehen hat den Vorteil einer unmittelbareren Kommunikation mit einigen der Prozessbeteiligten und von deren wertschätzender Einbindung – beides wichtige Erfolgsfaktoren in einem kontinuierlichen Verbesserungsprozess (KVP).

▶ Schließlich können einige ausgewählte Fragen aus der mündlichen IQ-Befragung in die nächste schriftliche Mitarbeiterbefragung übernommen werden, um eine breitere Rückmeldung mit einem vergleichsweise geringen Aufwand zu erhalten. Auch hieraus können sich wichtige Impulse für den KVP ergeben.

Viele Unternehmen, die ein IQ-Programm umsetzen, kombinieren spezifische Workshops und die turnusmäßige Mitarbeiterbefragung miteinander, um sowohl die Möglichkeit des direkten Dialogs als auch die zahlenmäßig umfassendere Rückmeldung aus einer Mitarbeiterbefragung zu nutzen.

In jedem Fall sollten sich die Programmverantwortlichen schon frühzeitig überlegen, wie die einzelnen Maßnahmen systematisch verfolgt und gesteuert, deren Wirkung bewertet und die Weiterentwicklung des Innovations- und Qualitätsbewusstseins sichergestellt werden sollen. Das gibt ausreichende Sicherheit für die Planung und Umsetzung des IQ-Programms und vermeidet auch ein »Versanden« dieses wichtigen Themas.

Lassen Sie uns abschließend noch einen Blick auf die Frage werfen, ob sich denn der ganze Aufwand wirklich lohnt. Ehrlich gesagt, hängt das von Ihnen beziehungsweise allen denjenigen ab, die sich das Ziel »IQ-Exzellenz« auf ihre Fahnen geschrieben haben. Wenn das nur halbherzig geschehen ist, lautet unsere Empfehlung: Lassen Sie es lieber! Wenn das Engagement allerdings von dem festen Willen getragen wird, die IQ-Situation nachhaltig und deutlich spürbar zu verbessern, dann sollten Sie nicht zögern, sich auf den Weg zu machen. – Es lohnt sich!

Welchen konkreten Nutzen bietet ein IQ-Exzellenz-Programm?

▶ Sie erhalten gesicherte Informationen über den Stand der IQ-Fähigkeit Ihres Unternehmens.

▶ Alle Mitarbeiter werden durch ein IQ-Exzellenz-Programm für die damit verbundenen Themen sensibilisiert und zu eigenem Handeln motiviert und befähigt.

▶ Durch die Befragungsmethodik lassen sich bisher unentdeckte Potenziale zur Verbesserung der IQ-Performance identifizieren und nutzen.

▶ Das IQ-Bewusstsein und -Handeln der Mitarbeiter wird zielgerichtet weiterentwickelt.

▶ Durch das systematische Vorgehen werden *Quick Win*-Chancen mit einem hohen Motivations- und Nutzenpotenzial generiert.

▶ Aufgrund der systematisch erhobenen Daten lassen sich sehr konkrete und nachvollziehbare Maßnahmen für den Weg zur IQ-Exzellenz formulieren.

▶ Durch die koordinierten und zielgerichteten Aktivitäten auf den fünf IQ-Handlungsfeldern gelingt eine nachhaltige Verbesserung der beiden Erfolgsfaktoren Innovation und Qualität.

Bild 9.11   Die wichtigsten Pros eines IQ-Exzellenz-Programms

WAS VERSPRECHE ICH MIR VON EINEM IQ-PROGRAMM IN MEINEM UNTERNEHMEN?

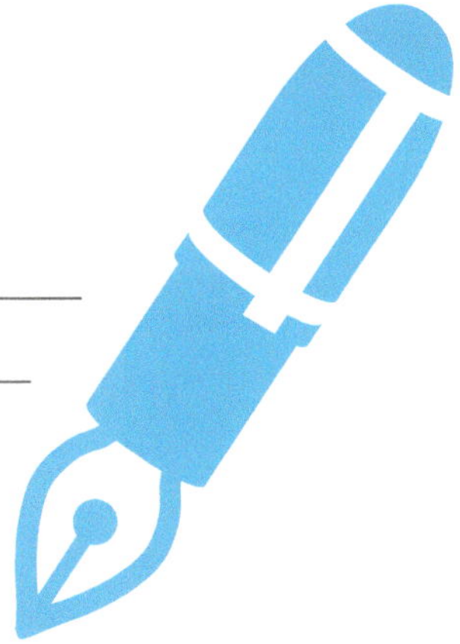

_____

_____

_____

_____

_____

_____

_____

_____

_____

_____

_____

10

Jetzt sind
Sie dran:
Gestalten Sie Ihre
IQ-Roadmap!

10.1 Worauf kommt es bei Ihrem IQ-Verbesserungsprogramm an?

Wir hoffen, dass wir Ihnen anschaulich vermitteln konnten, wie wichtig eine enge und konstruktive Zusammenarbeit zwischen der Innovations- und der Qualitätsfunktion ist. Sie haben in diesem Buch die Ergebnisse unserer deutschlandweiten IQ-Studie kennengelernt und können mithilfe des Selbsttests Ihre eigene Positionierung in Sachen IQ-Performance besser einschätzen. Die von uns in diesem Zusammenhang formulierten Handlungsempfehlungen und die beschriebenen vier Schritte zur IQ-Exzellenz können Ihnen als Anhaltspunkte und Inspiration für die Gestaltung der passenden Maßnahmen dienen.

Nun geht es für Sie und Ihr Unternehmen darum, die nächsten Schritte einzuleiten und die richtigen Mitstreiter zu finden und zu mobilisieren; denn bei der Verbesserung der IQ-Performance geht es um einen interdisziplinären Wandelprozess, der nur im bereichsübergreifenden Team – im Kern bestehend aus Innovations- und Qualitätsverantwortlichen sowie Unterstützern aus dem Top-Management – erfolgreich sein wird. Sollte es Ihnen im ersten Schritt nicht gelingen, die richtigen Partner für einen Wandel zu gewinnen, dann starten Sie zunächst alleine mit kleinen Schritten, versuchen Sie, spürbare *Quick Wins* zu erzielen, und kommen Sie mit dem jeweils anderen Funk-

tionsbereich immer wieder ins Gespräch. So kann es Ihnen gelingen, in Ihrer täglichen Arbeit den Mehrwert einer funktionsübergreifenden Zusammenarbeit zu demonstrieren und letztendlich zu überzeugen. Werden Sie selbst zu einem Vorbild und Vorreiter in Sachen IQ-Kooperation!

»Zusammenkommen ist ein Beginn.
Zusammenbleiben ist ein Fortschritt.
Zusammenarbeiten ist ein Erfolg.«

Henry Ford

10.2 Bitte bringen Sie Ihre Überlegungen zu Papier!

Wie es jetzt in Ihrem Unternehmen weitergeht, liegt auch oder vielleicht sogar allein in Ihren Händen!

Lassen Sie Ihre Gedanken, die Sie beim Lesen dieses Buchs hatten, nochmals an sich vorbeiziehen. Überlegen Sie, was Sie bislang getan haben, um die IQ-Zusammenarbeit in Ihrem Unternehmen nachhaltig zu verbessern. Denken Sie auch darüber nach, was Sie bisher (noch) nicht getan haben … und was Sie als Nächstes ganz konkret machen wollen, um Ihr Unternehmen in Richtung IQ-Exzellenz voranzubringen.

Die nächsten Seiten bieten Ihnen Raum, um Ihre Überlegungen und Ideen niederzuschreiben. – Danach müssen Sie Ihre guten Gedanken nur noch umsetzen!

Viel Erfolg auf Ihrem weiteren Weg zur IQ-Exzellenz!

WAS ICH BISHER FÜR UNSERE IQ-ZUSAMMENARBEIT GETAN HABE ...

_____

_____

_____

_____

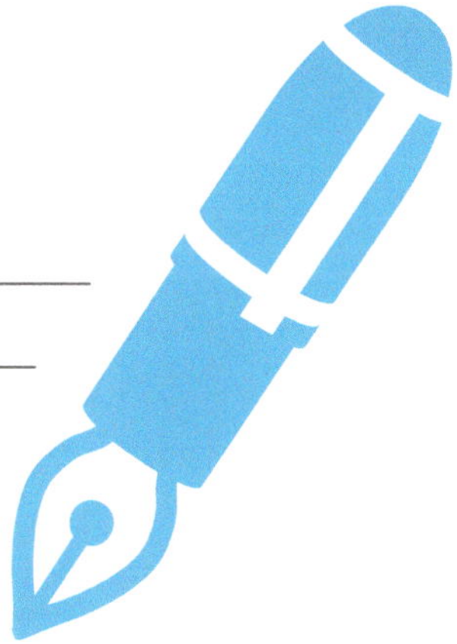

WAS DABEI HERAUSGEKOMMEN IST ...

_____

_____

_____

_____

WAS ICH BISHER (NOCH) NICHT FÜR UNSERE IQ-ZUSAMMENARBEIT GETAN HABE ...

_____

_____

_____

_____

WAS ICH ALS NÄCHSTES FÜR UNSERE IQ-ZUSAMMENARBEIT TUN WERDE ...

_____

_____

_____

_____

_____

WEN ICH AUF DIESEM WEG MITNEHMEN MÖCHTE UND WARUM ...

_____

_____

_____

_____

_____

11

Index und
Quellenverweise

Index

Quellenverweise – Abbildungen

S. XI (links)   © OneLineStock.com, stock.adobe.com
S. XI (rechts)   © GiZGRAPHICS, stock.adobe.com
S. XII   © metamorworks, stock.adobe.com
S. XIII   © Simple Line, stock.adobe.comAbbil
S. XIV   © Asia, stock.adobe.com
S. 4   © ngupakarti, stock.adobe.com
S. 5   © Raman, stock.adobe.com
S. 6   © Marina, stock.adobe.com
S. 8   © roadrunner, stock.adobe.com
S. 9   © Robert, stock.adobe.com
S. 11   © missbobbit, stock.adobe.com
S. 22   © Zdenek Sasek, stock.adobe.com
S. 29   © bsd555, stock.adobe.com
S. 35   © Zdenek Sasek, stock.adobe.com
S.39   © Bratu, stock.adobe.com
S. 54   © Arcady, stock.adobe.com
S. 59   © Евгений Курочкин, stock.adobe.com
S. 63   © strichfiguren.de, stock.adobe.com
S. 67 (links)   © Oleksandr, stock.adobe.com
S. 67 (rechts)   © strichfiguren.de, stock.adobe.com
S. 68   © oliviaelisa9, stock.adobe.com
S. 71   © Anna, stock.adobe.com
S. 72   © Alexander Pokusay, stock.adobe.com
S. 75   © Zdenek Sasek, stock.adobe.com
S. 76   © strichfiguren.de, stock.adobe.com
S. 85   © GiZGRAPHICS, stock.adobe.com
S. 92   © Zdenek Sasek, stock.adobe.com
S. 93   © Zdenek Sasek, stock.adobe.com
S. 97   © strichfiguren.de, stock.adobe.com
S. 98   © Zdenek Sasek, stock.adobe.com
S. 101   © Matthias Enter, stock.adobe.com
S. 139   © Denis, stock.adobe.com

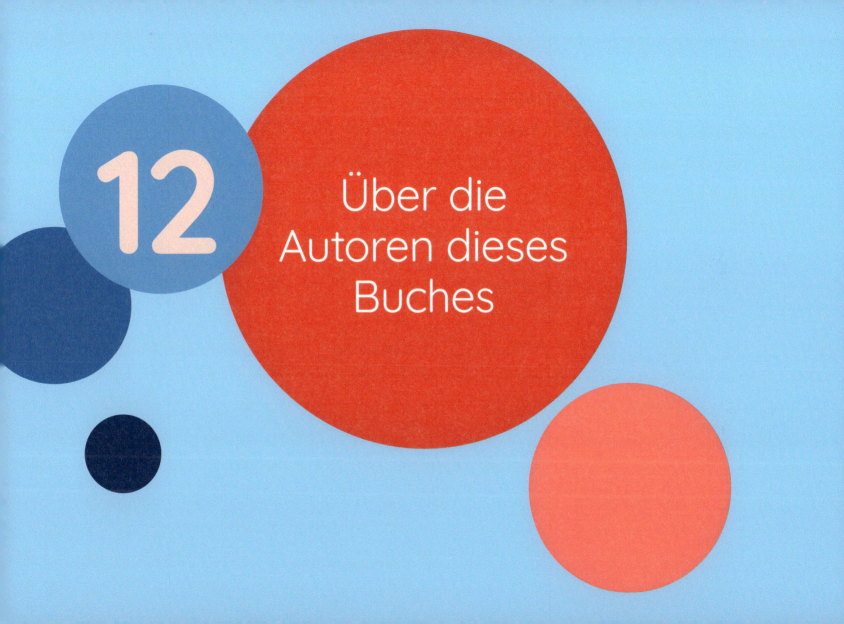

12 Über die Autoren dieses Buches

Dietmar Vahs, geboren 1961 in München, war nach dem Studium der Volks- und Betriebswirtschaftslehre an der Universität Tübingen und der University of Virginia (Virginia, USA) zunächst in der Mercedes-Benz AG und der Daimler-Benz AG tätig (Nachwuchsgruppe, Vorstandsassistent, Leiter Organisationsanalysen Konzern und Projektleiter Entwicklungsmanagement im Konzern). Seit 1993 ist er Professor an der Hochschule Esslingen und seit 1998 Direktor des Instituts für Change Management und Innovation (CMI), das unter anderem wissenschaftliche Studien mit Partnern wie dem Verband Deutscher Maschinen- und Anlagenbau e. V. (VDMA), der Deutschen Gesellschaft für Qualität e. V. (DGQ) und der Industrie- und Handelskammer Region Stuttgart durchführt, so zum Beispiel »Qualitätsbewusstsein als Wettbewerbsfaktor« (2017), »IQ – Innovation und Qualität« (2019) und »IQ-Automotive« (2021/22).

Professor Vahs ist einer der renommiertesten deutschen Experten für das Thema »Qualitätsbewusstsein« und verfügt über eine mehr als 25-jährige Erfahrung in der Beratung von Unternehmen unterschiedlicher Größe und Branchenzugehörigkeit auf den Gebieten Change-, Innovations- und Qualitätsmanagement. Er ist Managing Partner der Expertengruppen QA-Experts und IQ-Experts, die seit vielen Jahren sehr erfolgreich Quality-Awareness- und Quality-/Innovation-Culture-Programme gestalten und Unternehmen auf ihrem Weg zur Qualitäts- und Innovationsexzellenz begleiten, sowie Autor zahlreicher Bücher und Zeitschriftenaufsätze sowie Redner auf Führungskräfteveranstaltungen und nationalen und internationalen Kongressen.

Persönliche Kontaktaufnahme:
Prof. Dr. Dr. h. c. Dietmar Vahs
Managing Partner
QA-Experts & IQ-Experts
E-Mail: *dvahs@qa-experts.de*
Websites: www.qa-experts.de
www.iq-experts.de

Michael Dunst, geboren 1987 in Böblingen, war nach seinem Studium des Wirtschaftsingenieurswesens und des Innovationsmanagements an der Hochschule Esslingen, der Kettering University of Michigan und der Saitama University in Tokio zunächst einige Jahre bei der Trumpf Werkzeugmaschinen GmbH in Ditzingen als technischer Projektleiter im Vertrieb tätig. Zuvor absolvierte er bei der Dr. Fritz Faulhaber GmbH & Co. KG, einem führenden Hersteller für Miniaturantriebssysteme, eine Ausbildung zum Industriekaufmann und war später mehrere Jahre im Marketing und Business Development der Unternehmensgruppe beschäftigt. Seit 2017 ist er wissenschaftlicher Mitarbeiter und Projektleiter am Institut für Change Management und Innovation (CMI) der Hochschule Esslingen sowie Doktorand am Fachgebiet Qualitätswissenschaft der Technischen Universität Berlin. Er promoviert dort über das Thema »Nutzung von Synergiepotenzialen im Produktentstehungsprozess«.

Michael Dunst ist Senior Expert der Expertengruppen QA- und IQ-Experts sowie Autor zahlreicher Fachpublikationen zu den Themen Qualitäts-, Innovations- und Change-Management. Außerdem ist er Redner auf nationalen und internationalen wissenschaftlichen Konferenzen.

Persönliche Kontaktaufnahme:
Michael Dunst M.Sc.
Senior Expert
QA-Experts & IQ-Experts
E-Mail: *mdunst@qa-experts.de*
Websites: www.qa-experts.de
www.iq-experts.de

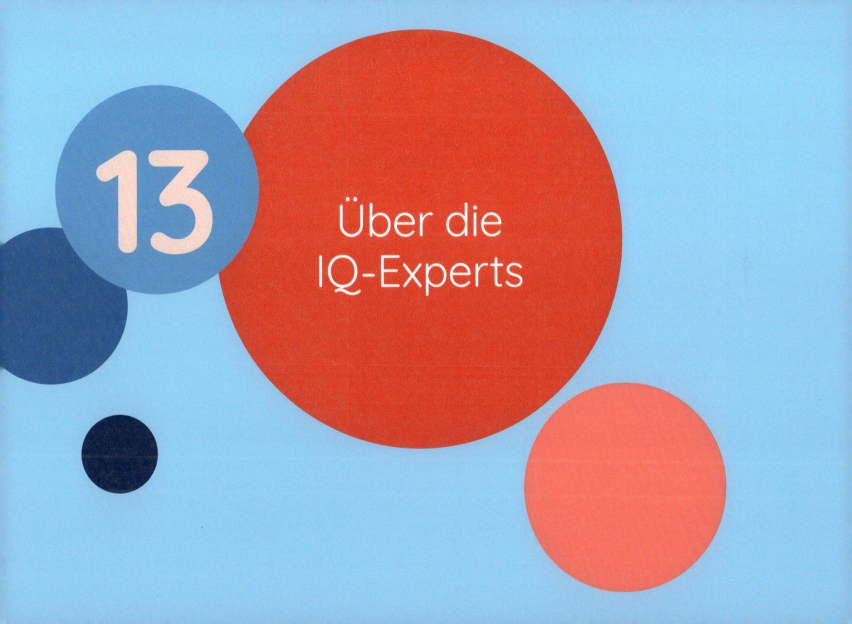

13

Über die IQ-Experts

Nur wer im Team spielt, kann gewinnen!

W as im Sport längst bekannt ist, muss in manchen Unternehmen erst noch in den Köpfen der Führungskräfte und Mitarbeiter verankert werden: Eine bereichsübergreifende Kooperation ist im Sinne des Unternehmens und seiner Ziele!

Wir sind ein Team von erfahrenen Experten, die sich seit vielen Jahren intensiv mit der Frage befassen, wie sich die Innovations- und die Qualitätsaktivitäten eines Unternehmens integrieren lassen. Dabei verbinden wir unsere unterschiedlichen Fachrichtungen und Branchenschwerpunkte zu einem ganzheitlichen Ansatz, der es uns ermöglicht, gemeinsam mit Ihnen optimale Lösungen zu erarbeiten und umzusetzen.

Gemeinsam mit Ihnen entwickeln wir eine Roadmap mit konkreten Maßnahmen, die Ihr Unternehmen langfristig zum Erfolg führt und dafür sorgt, dass sich Ihre Innovations- und Qualitätsbereiche zukünftig gegenseitig »Steilvorlagen« liefern, anstatt Gegner auf dem Spielfeld zu sein.

Die Unterstützung bei der gezielten Weiterentwicklung des Innovations- und Qualitätsbewusstseins und des IQ-Handelns Ihrer Mitarbeiter erfordert besondere Fähigkeiten, um den damit verbundenen transformativen Veränderungsprozess erfolgreich planen und begleiten zu können. Diese Change-Management-Expertise mit den speziellen Fach- und Methodenkompetenzen und umfassender Praxiserfahrung sowohl in der Beraterrolle wie auch als ehemalige Mitarbeiter in namhaften Unternehmen bringt unser IQ-Team mit.

Dabei können wir auf umfassende Erfahrungen in der erfolgreichen Konzeption und Begleitung von zahlreichen Change-Projekten in Profit- und Non-Profit-Unternehmen zurückgreifen. Mit unseren interdisziplinären Kompetenzen und umfassenden Erfahrungen aus zahlreichen Projekten erarbeiten wir mit Ihnen die Voraussetzungen für eine signifikante und dauerhafte Verbesserung Ihrer Innovations- und Qualitäts-Performance und unterstützen Sie bei deren Realisierung.

Das bieten wir Unternehmen auf dem Weg zur IQ-Exzellenz an:

▶ Schnelle und systematische Erfassung, Analyse und Bewertung der aktuellen IQ-Situation.

▶ Entwicklung von inhaltlich fundierten und ergebniswirksamen Handlungsempfehlungen auf der Basis einer IQ-Befragung für einen ebenso effektiven wie effizienten Weg zur IQ-Exzellenz.

▶ Projektplanung und Begleitung der Maßnahmen zur Weiterentwicklung des IQ-Bewusstseins und -Handelns.

Nähere Informationen finden Sie auf unserer Website unter www.iq-experts.de.